湘南20世紀物語

高木規矩郎 著
読売新聞社横浜支局 編

有隣堂

湘南20世紀物語

葉山・森戸海岸の裕次郎灯台

【目次】

第一部　海と太陽

第二部　生活の革命

第三部 文士の選択

第四部 戦争の傷跡

◎本文に登場する方の年齢はすべて掲載時のままとし、敬称は省略した。
◎掲載写真の末尾にご提供を受けた方のお名前や所蔵機関を明記した。
◎＊印の写真は高木治恵が撮影した。

[第一部]

海と太陽

稲村ヶ崎から富士山を望む

湘南のキーワードは海と太陽。
ヨット、海水浴、サーファーがあふれ、
温暖な気候が別荘族を集めた。
大規模な住宅地があいついで開発され、
通勤圏として
ラッシュにもまれるようになったが、
海は今も人々の心をなぐさめ、
青い空と緑の畑は
湘南のかけがえのない資産である。
小説や映画の舞台となり、
相模湾に沿って
海の生き物たちの生態を追う研究が
重ねられてきた。
第一部では海と太陽にかかわる
湘南の二十世紀断章を収録する。

第一部◇海と太陽①

ヨットマンの港

震災、進駐、太陽の季節◆時代の風受け疾駆

逗子海岸を一望する葉山の小さな港は、ヨットに生きた親子四代の海男が全身全霊をぶちまける聖域だ。

「幼稚園時代から、ヨットの底に溜まった雨水をかき出したり、セール干しを手伝わされた。誰も教えてくれなかった。見よう見真似で操縦を覚え、一人で沖に出た。今のように学校があって懇切丁寧に教えてくれるわけではなかった」

ヨット会社を経営する葉山町堀内、鈴木勇(71)は、初めてのヨットとの出会いを回想する。

父親の清四郎は、石船で真鶴の採石場から建築資材を運んでいた。ところが関東大震災で津波が襲い、石船が沈没して、商売を替えた。

昭和になると、兄の正幸（死去）と勇は、避暑客目当ての貸しヨットを始めた父を助けた。

◇

戦雲急を告げていた。首都防衛の最前線に位置する湘南の山々には砲台が据えられ、ヨットに乗るにもさまざまな規制が加えられた。

「赤い船体は白くするよう命令された。ヨットを走らせるのにもその都度、鎮守府の許可をとらねばならなかった」

葉山から見た湘南の海＊

華族や財界人、高級軍人らが名を連ねた葉山のヨットクラブ「湘南海洋練成会」は、戦時も細々と生き長らえた。だが笠島(横須賀市佐島)、江ノ島の連結線以北(陸地側)に航行を限定したり、夜間航行を禁止するなど事細かに行動が制限された(一九四三年四月「相模湾水域使用許可」)。そして四四年七月、東京湾、相模湾一帯は、マリンレジャーが全面禁止となり、湘南のヨットの歴史も幕を閉じた。

◇

だが占領期に逗子海岸の『なぎさホテル』が米軍レジャー施設になり、葉山港はヨット基地として復活した。

「西園寺家のクルーザーなどが十艇ほど残っていたが、みな接収された。戦時にエンジンはみな取り外されてお

り、セーリングだけだった。葉山港からヨットを出し、逗子海岸で米兵を乗せて、洋上で一日遊んだ。月給は米軍から支給されたが、コーラやサンドウイッチを貰うのが、何よりも嬉しかった」

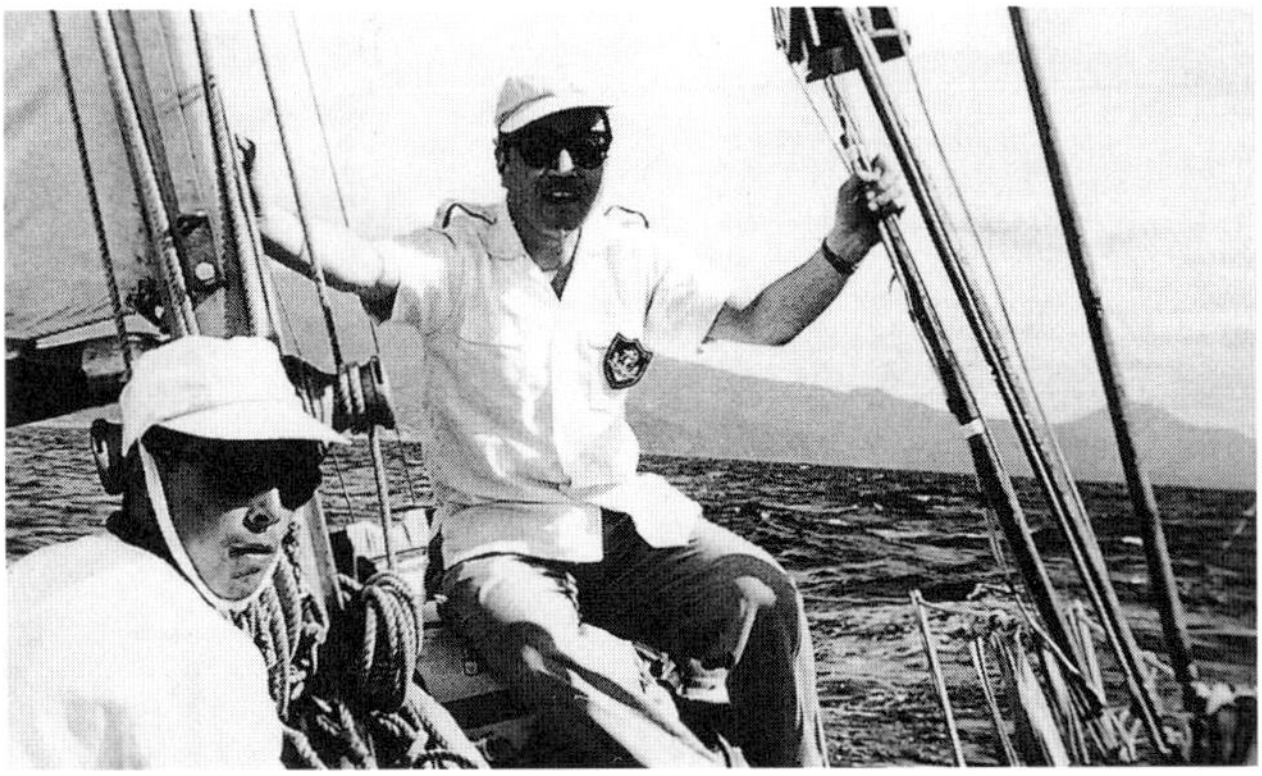

俳優の森繁久弥さんとヨットを回航する鈴木勇さん（1959年）　鈴木勇氏提供

◇

五五年には石原慎太郎の小説「太陽の季節」で、湘南は若者の人気スポットとなった。隣の逗子海岸も週末になると二十万から三十万の人出で、イモを洗うような光景であった。だがレジャー船もまだ多くなく、俳優の石原裕次郎が小さなディンギを買って遊んでいた。

「新しいヨットが竣工するとそれを回航するのも重要な仕事の一つ。今でこそ立派な港になっているが、台風が接近すると外海と同じ状態になってしまった。その都度、自分の判断で預かっているヨットを安全な油壷（三浦）の入江に回航する。台風が来ると大体南から西の風が吹く。葉山から出る場合は向かい風。後ろから追われるような北風で一時間かかるところを南風では二時間かかった。二十隻ほどのヨットを預かっていたが、オーナーからの回航依頼を待っていては手遅れになりかねなかった。苦労も多いが、ヨット相手に仕事ができるのが楽しみだった」

湘南の海の変貌を体で受け止めてきた勇は今もなお、マリンレジャーの裏方として余生をヨットに託している。海の男の生業《なりわい》は、勇の長男建之(38)と婿の福澤融夫(45)の手に委ねたが、勇は今も早朝から港に出て、愛艇とともに一日を海で過している。

（二〇〇一年五月一一日）

◆神奈川のマリンレジャー

十九世紀末に、外国人の横浜ヨットクラブ（ＹＹＣ）が生まれた。一方別荘地として栄えた葉山でも、早くからヨットを楽しむ人が現われた。戦後は東京湾を利用する船舶が増えたため、湘南がマリンレジャーの中心となる。さらにヨットが比較的安く市場に出回り、学生の間にもブームが広がった。六四年の東京オリンピックでは江ノ島がヨットレース会場となり、施設が拡充されてヨット基地としての湘南の人気が定着した。（ヨット・デザイナー林賢之輔氏＝談）

第一部◇海と太陽②

ニューヒーロー

海がはぐくんだ友情◆今も胸に生きる

湘南の海を翔け抜けた男、石原裕次郎は、戦後の日本に感動と勇気を与えたニューヒーローだった。石原兄弟と青春を共にした葉山の中国料理店「海《かい》狼《ろう》」社長山本淳正(68)は裕次郎との出会いと別れを語る。

「兄弟と同級という因縁で二人との友情がはじまった」

戦後ようやく活気を見せ始めた一九四七年(昭和二十二年)夏、逗子海岸で開催された日米対抗モーターボートレースに、中学生の山本が出場、これを見た裕次郎は「子供なのにかっこいい奴がいるなあ」と関心を持った。慶大付属高校に入った裕次郎は、共通の友人を通して湘南海岸で「不良少年」として名前が知れ渡っていた山本を紹介され、遊び仲間に加わる。山本は一年遅れて入学した石原慎太郎(東京都知事)と県立湘南高校で同級、さらに一年遅れて入学した慶大で裕次郎と一緒になった。

◇

そして五五年、「太陽の季節」で一橋大生の慎太郎が文壇にデビューして、東京で芥川賞受賞パーティーが行われた。

「慎太郎が裕次郎さんを日活プロデューサーだった水の江瀧子に紹介した。物怖じしない美男に一目ぼれしてか、翌朝日活に来いという。裕次郎の映画界入りがこの瞬間に決まった」

裕次郎のデビュー映画も「太陽の季節」だった。ヨット指導を兼ねてのボクサーのチョイ役だったが、素質と潜在性を見出されて「狂った果実」では主役、次いで「嵐を呼ぶ男」「錆びたナイフ」と映画出演が続き、「海とヨット」が慎太郎の作品とともに裕次郎の映画のキーワードとなったという。だが待遇をめぐって日活と全面対決。マスコミにも大きな話題を提供した。このトラブルで、裕次郎は山本と一緒に京都、神戸へと二週間、姿をくらます。

「裕次郎の父親がなじみの神戸の料亭『松の家』でかくまってくれた。毎日酒びたりだった。居所が知られても、裕次郎は強気で通した。一種のストライキで、結果は裕次郎の完勝に終わった。やっと条件が受け入れられ映画に復帰した」

◇

八七年七月十七日、裕次郎は解離性

大動脈瘤の手術後、肝内胆管炎を併発、がんにも冒されて入院先の慶応病院で息を引き取った。その日の朝、いつにない胸騒ぎで、山本はジーパンのまま葉山から東京に車を走らせた。病室には慎太郎、石原プロの渡哲也ら近親者や仲間が詰め掛けていた。妻の石原まき子（北原三枝）は意識のない裕次郎に取りすがっていた。

「モニターに映る心臓の動きが止まり、主治医が『ご臨終です』といった。私は言葉を失い、放心状態だった。でも二、三秒して再び心臓が動き出した。三十分後、慎太郎さんが『先生、もういいですよ。十分努力していただいた』といって、生命維持装置が取り外され、裕次郎は死んだ。半月前にお袋が死んだ時は泣かなかったが、裕次郎の死のことを思うと、涙が止めどもなく流れた」

裕次郎とカメラに収まった山本淳正さん（裕次郎のサインがある）　山本淳正氏提供

◇

山本にとって裕次郎は「良くも悪くも生きる目標」だった。裕次郎の死は「ぽっかりと心に傷跡を残した」という。そして山本は、三十六年間の裕次郎との友情を無形の遺産として生きることを心に誓った。

（二〇〇一年五月一八日）

◆石原裕次郎時代とは

裕次郎がデビューした一九五六年（昭和三十一年）ごろまでは、国民は食べることに精一杯だった。夢を追うゆとりなどなかった。生活に多少余裕が出て来たところへ異次元の世界から出て来たかのように映像に裕次郎がさっそうと現われた。デビュー作で衝撃を受け、次いで国民は裕次郎の世界に引き込まれていった。少年時代を過した小樽に記念館ができて十年。裕次郎と青春をオーバーラップさせる世代が年間七十～八十万人訪れる。カラオケで今も裕次郎の歌が受け継がれており、若者も多い。（石原裕次郎記念館副館長・浅野謙次郎氏＝談）

第一部◇海と太陽③

太陽族の青春

「もはや戦後ではない」◆束縛からの解放

石原慎太郎の芥川賞受賞作「太陽の季節」をきっかけに生まれた「太陽族」は、体制に背を向ける若者の湘南版ライフスタイルだった。俳優川地民夫(62)は、石原裕次郎とともに「太陽族」を演じ、その生態を共有した。

「高校時代からヨットで遊んだり、バンドやったり、酒を飲むのもごく普通で、海の遊びとして流行のはしりをいっていた。こうした若者が太陽族と呼ぶばれたのだろう」

◇

父の転勤で裕次郎が小樽から逗子の隣の家に越してきた。小学校四年から五年になった裕次郎とチャンバラで遊んだことをはっきりと覚えている。川地は高校時代から昼間は逗子海岸の貸しボート店、夜はハワイアン・バンドのアルバイトで遊ぶ金を作った。

先にデビューした裕次郎が『陽のあたる坂道』の弟役として監督に紹介したのが縁で、川地も映画界入り。その後も裕次郎の小型ヨットで湘南の海を疾走し、ロケ先では一緒に酒を飲むのが何よりの楽しみだった。

◇

「もはや戦後ではない」と経済白書にうたわれた一九五六年(昭和三十一年)太陽族が登場。「男は慎太郎刈りのアロハシャツ、女は髪に黒いリボンのマンボ・スタイル」などとマスコミで紹介され、時には「愚連隊」などと混

湘南の海に集まるアロハシャツや慎太郎刈りの若者(1956年) 読売新聞社提供

同されて、大きな社会問題となった。文部省は「太陽族映画」を不良映画として追放する動きを見せ始めた。「映倫」再強化も検討されたが、結局映画会社の自主規制で収拾した。

「終戦時に子供だった若者が物心つき始めた時代。いろいろな束縛から一気に解放された気持ちだった。遊びに来る米兵の生態を横目で見て、ビールをラッパ飲みするなどとっぽさも板についてきた」

終戦時小学校一年生だった川地は、太陽族ブームについて、子供の頃の戦時体験との心理的つながりを指摘する。

太陽族時代を回顧する川地民夫さん（2001年）＊

「逗子の実家周辺の丘には海軍の防空壕があり、兵士が動員されてきて壕掘りをしていた。海軍病院（横須賀）の軍医だった父が、やせ細った兵士を家に呼んで食事を与える光景も目撃した。山上からは横浜の空襲で空が真っ赤に燃えているのが見えた。こうした戦時体験に加えて、戦後の物不足の時代を経験した」

◇

「あの戦争」は重苦しく心にのしかかっていた。終戦で急激な価値観の転換にとまどい、物理的、精神的な飢餓感に悩んだ若者たちが太陽族世代だったのか。

裕次郎と同じ時代に慶大で学び、遊んだ仲間たちが、当時の愚連隊イメージに反発して「太陽族元祖会」を作った。今も飲んだり、ゴルフで親睦を続けている。ネクタイは慶大の校章であるペン、ブレザーの胸元にはGANSOと縫い込んで、お揃いのファッションできめた。おしゃれにこだわる精神は、今も健在だ。「スマートにきれいに遊んだ」時代を懐かしむ川地は二〇〇一年五月、反射炉建造で名を残す江川坦庵公を描いた「里はまだ夜深し」（韮山時代劇場公演）で藤田弓子と共演するなど俳優としてしたたかに生きる。

（二〇〇一年五月二五日）

◆数少ない豊かな世代

父親が日本郵船の重役だった石原兄弟のように、戦後平等になったとはいえ、持てる者と持たざる者との格差があった。太陽族は数少ない豊かな世代だったといえる。「アメリカ」の存在も無視できない。横須賀—本牧—六本木さらには立川に至る基地と音楽、サブカルチャー、ファッションが若者たちの心をとらえ、人よりも早く海外情報を吸収し、ライフスタイルを取り入れようとしていた。当時のオピニオンリーダー的な存在であり、今のようなマーケッティングが確立していたら、太陽族はもっと高い評価を受けていたはずである。（ファッション・コーディネーター西山栄子氏＝談）

カーニバルの海

はしゃぐ昭和の時代◆盛り上がる海の祭典

関東大震災、昭和恐慌の後に始まった海の祭典は、文士や映画人ら鎌倉ゆかりの人々に支えられて、敗戦後に復活した。だが激動の時代の荒波を乗り切ってきた鎌倉カーニバルは、資金の枯渇や交通渋滞など新しい時代のバリアに答えられないまま、歴史の舞台から消えた。

◇

カマカマカマカマ、クラーこんなに東京に近いのに／フランスめいた夏の海（カーニバル鎌倉の歌）

大震災、大不況のころから鎌倉に住んでいた作家の久米正雄は、ニース（フランス）体験をきっかけに、カーニバルの発想をふくらませた。

「義父は一九二八年（昭和三年）から一年間、ヨーロッパに遊んだ。たまたまニースの海岸のカーニバルで宮田重雄（画家）、石黒敬七（エッセー作家）、吉屋信子（作家）らと出会い、桜のボディーペインティングをして、飛び入り参加し踊りまくった。これは面白い。鎌倉の海も何もないと発展しない。カーニバルだと直感したらしい」

長男の嫁、久米和子（福島・郡山市久米正雄記念館名誉館長）が語るカーニバル発祥のエピソードだ。久米や大佛次郎ら鎌倉文士の遊び心で三四年（昭和九年）に鎌倉カーニバルが始まった。

◇

山内静夫（76）（鎌倉ケーブルコミュニケーションズ社長）は、戦後まもない四八年に松竹大船撮影所に入社して、裏方として復活したカーニバルに参加した。

「松竹映画の宣伝のためにパレードの山車をいろいろと考えた。その時の映画にちなんで飾り付けしたり、女優に水着姿で山車に乗ってもらった。パレードのもう一つの立役者は、横山隆一らが始めた漫画集団。凝り性の人が多く、寺の庫裏などに泊り込んでは、奇抜な飾り付けや仮装のアイデアを練っていた」

カーニバルにちなんだ「カニ（威張る）」や「カッパ」、「人形」などバラエティーに富んだ祭神が登場した。「海の女王」コンテストはカーニバルの花として定着した。だが関係業界の不況や資金集めの行き詰まり、交通渋滞への配慮などで、六二年（昭和三十七年）、戦時の中断も含め二十八年にわたる歴史の幕を閉じた。最後の祭神は人工衛星に乗った「ガガーリン少佐」だった。

「戦後も久米（正雄）さんが五二年に亡くなるまでカーニバルの事実上の大将だった。パレードにも必ず参加、戦後の沈んだ空気を何とか盛り上げようとしていた。没後は地元実力者、上森子鉄さんらが受け継いでくれた。もちろん海とは切り離せない。パレードも海に向かって次第に熱を帯びていく。海があっての鎌倉というイメージにふさわしい行事や中身を凝らそうと、みなで知恵を出し合ってきた」

カーニバルに参加し人力車に乗った久米正雄さん（1950年ごろ）高柳英麿氏提供

◇

山内は住民の愛郷心がカーニバルを支えてきたとみる。鎌倉文士、漫画集団、大船撮影所といずれも鎌倉風俗史と切り離せない組織や人々がカーニバルの舞台を去来した。

「親父の里見（作家）邸には元日になると文士たちが集まった。翌二日には久米さんのところに行こうということになる。作家というと部屋にこもって一人で瞑想するというイメージだが、戦前も戦後も鎌倉文士の生態には、みなではしゃぐとか地元のために一肌ぬぐという社会的広がりが感じられた」

鎌倉カーニバルとは、ハングリーな時代を反映した海と太陽の祭りだった。

（二〇〇一年九月一四日）

◆スポンサーに見るカーニバル

戦後再開した鎌倉カーニバルは、三十年代の日本映画界の成長期と重なってブームになった。製菓会社や飲料水製造業界なども積極的にスポンサーになってくれた。エアコンもテレビもない時代には海に出かけることが最高の納涼手段だった。都心のデパートまでパレードを続けたこともある。ところが映画に代わってテレビが国民生活の主流になり、レジャーの多様化とともに海の魅力も薄れ、鎌倉の海も三百二十万人をピークに漸減し、最近では百万人を割り込むようになった。こうした社会世相の変化で、カーニバルは過去のものとなった。（鎌倉市観光協会理事・高柳英磨氏＝談）

第一部◇海と太陽⑤

聶耳の海

若き作曲家非業の死◆日中交流のかけ橋に

満州事変により日中関係が緊張を深めていた時、若き中国人作曲家が湘南の海で溺死した。だが悲劇は日本と中国の地方都市を結ぶ友好の絆となる。戦争、革命の激流の下で海がとりもつ歴史のドラマだった。

明治から大正に変わった一九一二年に中国・雲南省昆明に生まれ、映画音楽を中心に作曲活動を続けた聶耳《ニエ・アル》は多くの歌曲を残した。「義勇軍行進曲」はのちに中華人民共和国国歌となる。トーキー時代を迎えて上海を中心とする映画界は活気を帯びていた。

ところが国民党による共産党弾圧が激しくなり、共産党にシンパの多い聶耳は、特務機関に目をつけられた。

中国人の訪問も続く記念碑(2001年) ＊

そしてフランス、ソ連への亡命を決断し、日本に立ち寄った。だが三か月後の三五年七月、鵠沼海岸（藤沢）で遊泳中に行方不明となり、その翌日、遺体がみつかった。二十四歳の非業の死だった。

◇

「新中国成立の四九年、中国映画の主題歌『義勇軍行進曲』が周恩来、毛沢東ら中国革命指導者の支持で国歌に選定された。この記事が中国紙で報道された。作曲者聶耳も改めて紹介され、鵠沼で死んだことも指摘されていた」

藤沢出身で元藤沢市長の衆議院議員（民主党）葉山峻(68)は、記事を翻訳した母からはじめて聶耳の死と死因をめぐる黒い噂を聞かされた。地元湘南高校に在学中であった。単なる溺死ではなく、殺されたのではないかと言う疑惑に驚かされたことをはっきりと覚えている。その後葉山は溺れた時の状況を藤沢市の記録などを頼りに再検証し、藤沢で火葬された後、友人が遺骨を中国に持ちかえったことも改めて確認した。

◇

東京では聶耳は、日本語を学ぶかたわら、撮影所を見学し、音楽会や左翼演劇活動にも顔を出すなど、積極的に日本文化に触れていた。そして鵠沼海岸で溺死するまでの三か月の体験を日記に克明に記していた。

「海辺から鵠沼海水浴場まで歩く。

昆明市長と議定書に署名する藤沢市長当時の葉山峻さん（右）（1981年）
『聶耳記念書』より

途中ひとりの人にも会わなかった。民うたい、蛇さけぶ、ああ！思いもかけず藤沢に来て、最もおもしろい一日となった」

日記は友人と過ごした藤沢での八日間の記述で終わるが、ここにも聶耳の死をめぐる疑惑を裏付けるものはなかった。

「藤沢市長時代の八一年十一月、昆明市長の朱奎とともに議定書に署名して友好都市となったが、これは聶耳の死が遺した歴史の遺産だった。聶耳の死にまつわる疑惑を中国側が、最終的に払拭するという意味もあったのではないか」

◇

聶耳記念碑除幕（五四年）、高潮で流出した記念碑再建（六五年）に続き、友好都市となったあとも胸像（レリーフ）を建立（八六年）するなど、二つの「聶耳の町」は、親睦を深めてきた。

友好提携二十周年を記念して、湘南日中友好協会など民間団体が市とともに広く参加を呼びかけ、二〇〇一年十一月はじめ、二百数十人の藤沢市民が昆明を訪問した。雲南省の民族、歴史の講演や民族舞踏の公演も予定されている。聶耳の死から七十年近い年月が過ぎ去るが、激動の日中関係史が、静かな変革の時代に入ったことをこの民間外交が象徴的に示している。

（二〇〇一年六月一日）

◆戦後中国国歌制定の歴史

新中国の骨格を決めた四九年九月の政治協商会議で、『義勇軍行進曲』を暫定的に国歌にすると決まった。文化大革命当時、作詞家の田漢《でんかん》がやり玉にあげられたため、歌詞が一部変えられただけではなく、『義勇軍行進曲』自体が『東方紅』に代えられた。文革終了後の八二年十二月、全国人民代表大会で正式に国歌に制定され、歌詞もオリジナルなものになった。この過程で田漢は、作家としての過去を問題にされ獄死。聶耳はすでに死去していたため、問題視はされなかった。（東洋大学教授・丹藤佳紀氏＝談）

師範の遠泳

心身の鍛練が目的◆よみがえる青春の熱気

旧制の教員養成機関・神奈川県師範学校（現横浜国立大学教育人間科学部）では、心身の鍛練のため、遠泳訓練が取り入れられていた。鎌倉水泳協会会長の橋本功（79）（鎌倉市腰越）は、夏の海の体験がきっかけとなって四十年にわたる教員生活の後もひたすら泳ぎつづけた。海を舞台にした〈師範の青春〉は、今も橋本の生きるエネルギーである。

「遠泳は二週間の水泳訓練の中ごろに行われた。最初は材木座海岸から由比ヶ浜を横目に坂ノ下まで一・六キロのコース。さらに上達すると葉山の森戸海岸から材木座まで八キロに挑戦した。『ヨーイ、コラ』と掛け声をあげながら泳いだ。伴走の船から夫《め》婦《おと》饅頭が投げられる。海水に濡れて甘いのか辛いのか分からなかった。リーダーの一人として一〇〇メートルを超える隊列の前後を行き来したので、他の学生の倍以上は泳いだ」

◇

一八七五年（明治八年）横浜に設立された師範学校は、九二年に鎌倉（鶴岡八幡宮脇）に移転、「神師」の愛称で、神奈川の教育界を担う人材を育ててきた。橋本は一九三七年（昭和十二年）に師範入学。朝日新聞の純国産機「神風号」が立川飛行場から九十四時間という新記録でロンドンに着陸した年だったことを鮮明に覚えている。移転後十年ほどして神伝流など古式泳法と遠泳の水泳指導が始まり、開戦後の四二年（昭和十七年）まで続いた。

材木座海岸に集まった水泳指導助手の学生たち。後列右端が橋本さん（1940年）　橋本功氏提供

「戦前は材木座海岸は、小学校のヨシズ張りの小屋で埋まっていた。ちょうど水泳の練習中に実科女学校（県立鎌倉高校の前身）の生徒が波で削られた穴で足をすくわれて、集団で溺れた

ことがある。救助のため砂浜を走っていったが、間に合わなかった。学友の一人は南方で『ボカ沈』を食らったが、師範で身に付けた水泳で助かった。泳ぐということは命がけでもあるし、自分の身を守るためだと考えるようになった」

◇

四二年に師範を卒業した橋本は、鎌倉の国民学校に勤務したが、十か月後の徴兵検査に合格して入隊、見習い士官になり、輜重隊、船舶隊、海上挺身戦隊で転戦。終戦で復員し、体育教諭として復職、教頭を最後に八二年に退職した。この間、師範で身に付けた水泳は、橋本の人生を彩ってきた。

祭で賑わう材木座海岸（2002年）＊

「ソウルや旅順の師範代表も迎えての全国師範学校水上競技大会出場は、まさに私の五輪体験だった。卒業後には先輩から声がかかり、橿原神宮の修復記念大会にも出場した。鎌倉の学校に勤めるようになってからは、水泳指導を続けた。終戦直後は空腹対策のため、水泳をはじめ体育授業は中断された。そして退職前から鎌倉水泳協会にかかわり半世紀になる」

◇

関東大震災と火災で二度、倒壊した師範は戦後、横浜国立大学学芸学部として再スタートするが、六五年に再び焼失し、七十三年間の歴史に幕を下ろした。

「師範という名前にこだわるつもりはないが、今の教師の卵は、もっと徹底した教育の基本を履修すべきだ」

師範は名実ともに消滅したが、遠泳、剣道、蹴球に青春のエネルギーをぶつけた思い出を踏まえて、橋本は今日の教育に新たな思いを託す。そして水とともに流れ去った人生を振り返る時、橋本の体には青春の熱気がよみがえる。

（二〇〇一年九月二八日）

◆神奈川県師範学校

私が師範に入った戦前は、県内の教師は代用教師を除き、師範卒業生が主流だった。私が通っていた腰越の小学校には師範から教生（教育実習生）が来ており、憧れの的となり、私も先生になりたいという気持ちを持つようになった。全寮制で一年生から五年生まで七、八人が一緒に暮らしていた。県内の市町村の小学校高等科（一部）と中学校（二部）から受験、毎年百二十人が入学した。天職として教師になるのだという強い意識があった。私も教師とは「教えることだけではなく、命を預かっている」と考えていた。（元鎌倉市長・小島寅雄氏＝故人、生前の談話）

灯台へ

踊り広がる生の喜び◆孤独の岬が檜舞台

敗戦日本に男のロマンを求めて灯台に向かった若者は、孤独の岬で踊りの輪を広げていった。灯台の激務を離れて三十八年、男は岬の思い出を胸に秘めて踊り続ける。

横須賀に住む北見昭次(73)は、戦時に十四歳で朝鮮鉄道に赴き、終戦で半島から引き揚げてきた。

「旧国鉄に再就職したが、敗戦の荒廃した町で夢と志を失った若者の姿を見るにつけ、やりきれない思いだけが募った。静かな自然の中で生きる道を探りたかった」

一九四八年(昭和二十三年)海上保安庁発足とともに、北見は東京湾の航路を守る剱埼灯台に新しい職場を見つけた。

◇

一八六六年(慶応二年)、幕府と英米仏蘭四か国との間で改税約書(通称江戸条約)が結ばれ、外洋から横浜港に至る航路沿いに野島崎、観音崎と並んで剱埼灯台の建設が決まった。増設分も含め全国十五か所は「条約灯台」と呼ばれ、開国時の歴史的文化財となった。

「震度3を越える地震があると、大型レンズを浮かせる受け皿の水銀があふれて、灯台の螺旋階段をコロコロと転がり落ちた。あふれた水銀をちりとりですくって元に戻すのだが、神経をすり減らす回収作業だった。嵐で停電になると、急きょ白熱灯に切り替えるのだが、たまたま水銀がこぼれていると、巨大なレンズの台座を自力でゆっくり回転させた。頼りになるのは肌で覚えた時間感覚だけ」

灯台生活は厳しかった。食料確保もままならない飢餓時代。小さな畑を耕して自給自足し、屋根に溜まった雨水を飲み水にした。

「静かな自然を夢見ていたのに、現実にはわびしさ、寂しさ、むなしさが幾重にも去来して打ち沈んだ。これが本当に望んでいた生活なのか」

◇

灯台勤務二年後の夏、山梨に朝鮮時代の友人を訪ねた時、村のフォークダンスに誘われて、踊りの輪の中に入った。「世の中にはみなで楽しみ、喜び合えるものがあるのだ」。新鮮な発見で、北見は「灯台は夜の海を照らす。踊りは岬に生きる喜びの光を灯せるのでは

剱埼灯台でフォークダンスを踊る北見さん（左端）（1955年）　北見昭次氏提供

ないか」と直感した。
自己流でマスターしていた社交ダンスの基礎を元にして、八丈島灯台をはさむ二度の剱埼灯台勤務の間に地元民に働きかけ、盆踊りや社交ダンスの輪を広げていった。一九六〇年（昭和三十五年）三浦半島先端に城ヶ島大橋が完成した。百人を越す三浦の婦人たちがお揃いの浴衣姿で、網笠をかぶり、地元の「三崎甚句」を踊りながら大橋を渡った。みな踊りの仲間だった。踊りの先頭に立った北見には「一生忘れることのできない晴れ舞台」だった。

◇

子供の教育問題に直面した六三年、北見は家族のために十五年間の灯台生活に見切りをつけた。再就職した証券会社が倒産するなど、灯台時代には経験しなかった浮世の荒波にもまれた。だが踊りの輪は絶えず、北見は踊りによって、良き時代を思い起こした。
北見には現役時代に身につけた個性豊かな生き方を終生の宝とした灯台仲間が少なくない。「貝殻おじさん」は南の島の珍しい貝殻を拾い集めて、子供たちに自然に触れ合う機会を与えようと全国各地を回った。小原流生け花の師匠として外国でも活躍する仲間もいる。生涯現役の心意気は孤高の海が残してくれた無形の資産である。

（二〇〇一年八月二四日）

◆戦時下の灯台

太平洋戦争が始まると東京湾口の剱埼灯台の周辺には、軍の監視所が置かれ、探照灯が設置されるなど軍事色が強まった。だが日本沿岸の灯台は空襲や潜水艦からの砲撃などで、機能を失った。さらに六万六千個の機雷で、沿海は極めて危険になった。戦後は占領軍総司令部（GHQ）の指令により、航路の障害物撤去、航路標識の復旧が図られた。機雷掃海のために多数の灯浮標が整備され、灯台の復旧と共に航路標識として利用されるようになった。航路標識法の制定（昭和二十四年）に伴い、海上保安庁が航路の安全を図ることになった。（燈光会「日本の灯台」より）

第一部◇海と太陽⑧

海の伝説

英国帆船遭難を巡る縁◆三浦・ウオナンブール姉妹都市に

百二十年前、三浦半島沖でオーストラリアから来航した英国帆船が座礁した。地方公務員を定年退職した高梨健児(63)(三浦市松輪在住)は、遭難船のルーツを追ううちに見えない糸にたぐられ、外国人クルーとともに大西洋横断に挑戦するヨットに乗っていた。

◇

「貿易風が正直に力強く吹くことに感激した。太陽も月も毎日、船尾から昇り、船首に沈む。三日月は両端を吊るして持ち上げた揺りかごのように真横のまま上がってきた。虹は高く全天にかかった」

高梨は二〇〇〇年秋、南氷洋に面したオーストラリアの保養地ウオナンブールを母港とするスループ(一枚帆)型クルーザー「フラッシュダンス2号」で大西洋を渡った。クルーは総勢六人。オーナーのドナルド・ハンプソンとヘザー夫人、若い海軍士官、コンピューター技師らいずれもオーストラリア人で外国人は高梨一人。しかも最高齢だった。イオニア海、ダルマチア諸島をクルージングして回った後、カナリア諸島からカリブ海の英領セントルシア島まで五千キロを半月で横断した。ヨット歴こそ四十年を越すが、大洋横断は初挑戦だった。

◇

高梨の「海の物語」の遠景には、英国貨物船(バーク型帆船)「ウェリントン号」の遭難があった。大航海時代の

カナリア諸島出発の日のクルー(右端が高梨さん)(2000年)　高梨健児氏提供

一八八一年（明治十四年）七月、オーストラリアのニューカッスル港を出航し、横浜に石炭を輸送中、相模湾で台風に遭遇、帆が吹き飛ばされて三戸浜（三浦市）沖で座礁した。乗組員は全員無事救出された。

事故は歴史に埋もれていたが、三浦の郷土史家が遭難の模様や住民の救援活動などを記した古文書を地元で発見。さらに高校の英語教師がオーストラリアと英国に問い合わせて、関係資料を集めた。高梨は航海日誌などを基にして、台風の進路や、帆の破損状況などを検証した。この過程で乗組員リストもみつかった。

たまたまウオナンブールでは市民交流促進のため、日本で姉妹都市の相手を探していた。同じ港町の三浦が名乗りをあげ、一九九二年に姉妹都市となった。三浦市役所で国際交流にかかわっていた高梨は、提携の主導力だった。中高生や市民の引率、市制施行百五十周年式典への出席など六回のウオナンブール訪問で、個人的な人脈も広がった。

「ウェリントン号の遭難と姉妹都市のつながりが不思議にだぶり始めた。九八年に三浦に滞在したウオナンブールの女子学生が遭難船の乗組員リストを持ち帰った。興味を持った父親が調べたところ、船主は姉妹都市協会会長デービッド・マッケンジーの祖先だった。デービッドは三浦との橋渡しの中心人物だが、何と百二十年前に祖先が持ち船の遭難を通して三浦と深いつながりを持っていたのだ」

◇

物語は再び「フラッシュダンス2号」に戻る。九四年環太平洋ヨットレースに参加したハンプソン夫妻ら五人が、姉妹都市の三浦を訪ねてきた。これがきっかけとなり、大西洋を横断することになった。

「ハンプソン夫妻は来年、南太平洋を横断し、ウオナンブールを目指す。地中海、大西洋、カリブ海に続いて太平洋の航海にも合流したい」

退職後の穂高屏風岩の登攀に続く大西洋横断は、高梨の人生に新たな夢を与えた。そしてウェリントン号遭難に始まる「海の伝説」が継承される。

（二〇〇一年一〇月五日）

◆歴史の空白埋めたい

姉妹都市提携の準備のため三浦を訪れた一九八四年、はじめて高梨さんに会った。その後ウェリントン号のオーナーとされる「マッケンジー」という名前が気になったのか集めた資料を送ってくれた。私には初耳だった。さっそく家系などを調べ始めた。私の祖先は家族と一緒に一八五四年にスコットランドからオーストラリアにやってきた。その従妹が結婚したのが、ウェリントン号の船主だった。近く（二〇〇一年十月二十日）、一族が大集合するので、みなで話し合って歴史の空白を埋めたい。この「海の物語」をきっかけとした三浦とのイベントを考えている。

（姉妹都市協会会長デービッド・マッケンジー氏＝談）

変わるなぎさ

湘南の定点写真◆「自然との共生」訴える

富岡畦草さん＊

海浜の松林や川辺の野花が消え、護岸工事、国道建設の影響などで砂浜が急激にせばまった。時代の変化を切り取る定点撮影は、写真家富岡畦草《けいそう》(75)のライフワーク。戦後藤沢に住み始め、湘南の浜辺の変貌を追った無数のネガは、自然消滅への無言の告発である。

◇

「変貌をもっとも雄弁に物語ってくれるのは、海辺の松林の情景。昭和三十年代には鵠沼（藤沢）は、松林の中に沈むように別荘が点在していた。だが別荘地が商業地になり、遺産相続で松林が宅地化され、土地が切り売りされて景観はすっかり変わった」

終戦直後、富岡はスポーツ紙の報道カメラマンを経て、人事院に勤務。戦後の東京の街並を記録しようと、休日を利用して、一九五五年（昭和三十年）に同じ対象を撮り続ける定点撮影を始めた。通勤の湘南電車の車窓から見た沿線の光景の変化、首都圏の戦後復興の軌跡など富岡の関心は、着実に広がっていった。

「瞬間を切り取る作業を繰り返すことで時間の経過を検証しようと思った」という富岡にとって、海辺は絶好の被写体だった。愛用のカメラを持って湘南海岸をはじめ神奈川県内の浜辺をくまなく歩き、急激な変貌の後を追ってきた。

◇

花水川（平塚）の河口に至る河原には、「濃く薄く錦をひけるやうになむ咲きたる」と「更級日記」にも登場するカワラナデシコが一面に咲いていた。だが三十年後の一九七八年（昭和五十三年）に雑誌の取材で回った時には、一本もなかった。

「昔は農耕用牛馬のために下草を刈っていたが、この習慣がなくなり、強力な繁殖力のクズや帰化植物が増え、弱い草花は駆逐された。酸性雨の影響もあるだろう」

江ノ島や烏帽子岩など湘南の景観を背景とした写真を見比べると、海辺の変貌は一目瞭然である。松林が駐車場になり、湘南遊歩道が国道一三四号線となった。夕闇の浜辺は街路灯で昼間のように明るい。砂浜が急激にせばまったのは、護岸施設や橋、ヨットハーバーなどの建設で潮流が変わったことによる浸食か。それとも上流のダムのおかげで水流が規制されて、新しい砂が運ばれてこなくなったためなのか。富岡は海辺の変貌に「人災」の影を感じ取る。

◇

ところで自然のたたずまいを被写体にしながら、定点撮影による新旧の景観がまったく変わらない海辺もある。むしろ緑が豊かになった海沿いの森の光景も、レンズはしっかりとらえていた。

「辻堂海岸は終戦後米軍によって接収され、上陸演習などが行われていた。だが砂丘が返還されると、失対道路工事と合わせて、戦時中に絶滅状態になった松林の再生が図られた。真鶴半島では海面に落ちる森林の影に魚が集まるような環境づくりを図り、漁民が中心となって針葉樹の黒松や広葉樹のタブノキなどが混生する魚付き保安林を造成してきた。写真からは新しい海辺の誕生もうかがわれる」

富岡さんが定点撮影した鵠沼海岸
（上1962年、下1992年）

富岡は海辺の変貌の是非については多くを語らない。だが沈黙のモノクロ写真は、自然の摂理を雄弁に語りかける。

「人間優先の生活環境を作ると地球温暖化問題のように必ずしっぺ返しを受ける。自然との共生の道が途絶えたら、砂浜はますますせまくなり、松林も姿を消すだろう」

定点撮影とは富岡にとっては「人間が失敗を繰り返さないための自然との共生の記録」である。

（二〇〇一年八月三一日）

◆十一キロのクロマツ砂防林

辻堂から大磯までの国道沿いの砂防林は、昭和天皇の即位を記念して、一九二八年（昭和三年）から工事が始まった。戦時中の盗伐、戦後の台風や旱魃などで荒廃したが、現在は延長十一・四キロ、黒松三十五万八千本を主体とした日本有数の海岸緑地となった。とくに九一年（平成三年）からは辻堂海岸地区など国道沿い四か所に散策、森林浴などを目的とした「しおさいの森」を整備した。一方平塚市ではナデシコを「市民の花」に制定、「更級日記」が世に出て千年の記念事業として自生地の育成を進めている。（湘南なぎさ事務所海岸砂防課、平塚市みどり公園課）

［第二部］

生活の革命

三浦市宮川公園の風力発電用風車

人々の動きは
生活の情景を変える。
東京、横浜など大都市を控え
湘南は居住地として特異な発展を遂げた。
横須賀線、湘南電車、
小田急、江ノ電なども
設立当時の観光路線という面影は薄れ、
通勤の足として性格が大きく変わってきた。
「湘南」「湘南人」という言葉には、
この百年、不動の思い入れが感じられる。
明るさ、豊かさといったイメージとも
無縁ではない。
第二部は二十世紀の湘南の生活で
「変わったもの」「変わらないもの」を追った。

第二部◇生活の革命①

「天国と地獄」

海辺に響くレールの音◆住宅縫う異色の電車

古刹の山門を過ぎるとまもなく湘南の海が目の前に180度拡がる。江ノ島が点景に変化をつける。富士の夕景。干物の香りの漂う商店街は車と譲りあってのんびりと通り過ぎる。湘南の名物江ノ電が二〇〇二年九月に開業百年を迎える。時代をさかのぼったかのようなレトロの雰囲気で、観光客に親しまれ、沿線に大きな住宅地が作られると、通勤電車としての役割もおびた。

◇

「架線をこするトロリーポールの特有な音が誘拐事件を解決するきっかけとなった。映画『天国と地獄』のプロットである。だが線路が交差するところに行くと、雨の中でも車掌が必ず、手動で切り替えなければならないので、現在はパンタグラフ式に変わった」

松本清張原作、黒沢明監督のヒット映画が作られた一九六三年（昭和三十八年）当時の江ノ電の集電装置について、鉄道部長として江ノ電の運行を取り仕切ってきた代田良春(66)は語る。撮影当時「トロリーポール」を使っていたのは、全国でも江ノ電だけというのがミソだった。

一九〇二年（明治三十五年）藤沢〜片瀬間で開業。当時は車両部品をドイツから輸入したため、集電もドイツ製「ビューゲル」であったが、明治末から大正初めにかけて「トロリーポール」に切り替え、映画封切り直後に「Zパンタ」、さらに「パンタグラフ」に変わり、一部を除いて今に至っている。

「ガッタンゴットンという独特の音は、狭い家の間を走るため、二十五メートルのレールを十二・五メートルに切って使い、継ぎ目ごとに音がするようになった。これも江ノ電特有の音であり、刑事ものの新しいプロットになるかも知れない」

◇

代田は東京の大学を出た後、「あまり大きいところに行くな。その方がおもしろいことができるぞ」という主任教授の言葉で迷うことなく江ノ電に就職した。中学生のころからの鉄道模型作りのキャリアがあり、趣味と実益を兼ねての判断であった。だが江ノ電は沿線の住宅のひさしぎりぎりに走るため、現役時代の思い出にも技術者の苦労をしのばせるものが少なくない。

「明治時代に線路を敷いているので、

規格が全部フィートとインチであった。それをメートルに統一することになった。全部端数が出るので、それを半径百メートルとか百五十メートルなど区切りのいいメートルのものに置き換える仕事であった。別のところで曲げたレールを取りつけるのだが、始発に影響を与えないため、いつも夜中の作業になった」

トロリーポール時代の江ノ電。七里ヶ浜付近の海辺にはまだ自動車専用道路ができていない　代田良春氏提供

江ノ電は実態は路面電車で、鉄道法ではなく軌道法の規制を受けていた。ところが戦争中に軍の命令で突然鉄道法に切り替えられたという。横須賀と平塚という二つの軍事都市のバイパスにしようという考えがあったようだ。

「終戦間際に手続きが行われ、鉄道になったところで終戦を迎えた。実態が変わらないまま、法律だけは鉄道法の適用を受けることになってしまった。鉄道なら腰越の商店街を走ることなどありえない。全部規格外だった。そこで特別許可をとった。許可の数だけでも数え切れず、後に江ノ電だけの規格を作ってもらって対応した」

◇

現役引退後、代田は江ノ電百年誌作りにかかわっている。鉄道模型作りも最初の車両を作ってから五十年。江ノ電タンコロまつりなど趣味をベースにした企画も考えている。ガッタンゴットン一筋に生きた江ノ電人生がこれからも続く。（二〇〇二年七月一二日）

◆江ノ電経営

江ノ島電気鉄道株式会社が一九二八年（昭和三年）、関東大震災や不況の影響で逼迫した江ノ電の経営を東京電灯から受け継いだ。太平洋戦争にもかかわらず「定期」利用者は順当に伸びてきたが、問題は観光客の利用状況である。年間四百万台で頭打ち状態が続き、代田たちも経営打ち切りを前提に青写真を練り始めていた。ところが七六年（昭和五十一年）十月から始まった連続ドラマ「俺たちの朝」がカミカゼとなって、一気に七百万、八百万台に突入した。その後もレトロ電車や、開業百年企画などで客足の定着を狙っている。企画は観光地を走る電車の生命線である。（江ノ電「輸送人員・利用人員の推移」より）

第二部◇生活の革命②

別荘の医師

療養型医療百年◆女医の細腕が支えた戦時下

「浴海運動の好適地」と内務省の初代衛生局長が十九世紀末に医療、保養面からの海水浴の効能を推奨したことがきっかけとなって湘南の海に別荘、医療施設が進出した。明治時代創設の病院は、湘南文化史の断面を物語る。

◇

鎌倉のメーンストリート若宮大路に面した清川病院は、一九〇二年（明治三十五年）に鎌倉養生院（六一年改称）として開業した。湘南が保養地として発展することを見越した広島生まれの創業者（清川来吉）の決断だった。

「初代は他の医師が手をつけなかった伝染病について勉強していた。養生院は結核療養施設とともに法定伝染病隔離施設を持つ個人病院として知られるようになった」

第四代清川正男（64）（現理事長・病院長）は、創業百年の歴史を紐解く。東大で天文学を学び、清川家に養子として迎えられた。四十歳で医学を履修、天文学者から医師へと華麗な転身だった。

養生院創設のころ湘南では、日本初のサナトリウム杏雲堂分院（平塚）、国木田独歩の療養地・南湖院（茅ヶ崎）、鎌倉最古である結核療養所・中村恵風園などが療養施設として活動していた。養生院は鎌倉病院に続く一般病院だった。湘南地方の開発には、医師たちの貢献によるところが大きかった。

養生院のスタッフに囲まれた後藤さん（前列の和服姿）（1938年）後藤久子氏提供

◇

百年を越す湘南の医療最先端の歴史には、さまざまなドラマがある。関東大震災当日、赤瓦洋風二階建ての新築病舎が竣工したが、引き渡し直後の激震で倒壊した。腸チフス、パラチフス、赤痢、疫痢と伝染病が多数発生し、鎌倉・逗子両町共同で急ごしらえした隔離病舎を、養生院の専門医が奔走した。日中戦争が激しくなった三九年には、戦後に病院経営を担う清川謹三が東大医局の命令で上海の病院に派遣されたのをはじめ、終戦間際には当時の院長、副院長にも同時に赤紙が舞い込んだ。

病院は風前の灯だった。伝染病を扱っているので、閉鎖もままならない。女医後藤久子(94)は戦地に向かう院長から「一人で守ってくれ」と一切の医療を託された。

「空襲警報がなると、鶴岡八幡宮の森に逃げ込む高齢の入院患者がいた。監督が悪いと警防団から叱られた。午後は下駄にモンペで往診に回った。帰宅すると自宅が強制疎開で壊されていた。空襲があったら八幡宮を守るためだと聞かされた。おかげで病院に寝泊りする日が多かった。終戦間際にはチフスが多発し、甥も病院で死んだ」

保養地を支えた鎌倉養生院　『清川病院百年史』から

後藤は鎌倉彫の老舗で生まれ育ちながら、「好きな道を選べ」という父に励まされ、大正末期に女子医専に進んだ。九九年に引退するまで六十一年間勤務。清川病院最初にして最後の女医の戦時体験である。

◇

戦後抗生物質が普及すると伝染病、結核ともに激減した。清川病院は結核療養施設に続き、九八年には病院敷地内の伝染病隔離病棟を閉鎖した。

「高齢者の比率が高い鎌倉では一般病床から療養病床への移行が進む。家族が見舞いに来たら一緒に食事に出かけるとか、地域交流の場を広げるなど都会型の高齢者医療のあり方を追求していきたい」

静かな環境、きれいな空気という湘南の医療環境を生かして養生院を創設した清川一族の末裔（正男）は、療養型医療という新時代の要請に挑戦する。百年変わらないのは「養生」の理念である。

（二〇〇一年九月七日）

◆湘南の別荘

湘南文化史の出発点には療養地があった。女性解放運動家・山川菊枝、教育者・津田梅子らも子供や教え子の結核療養のために湘南に別荘を持った。レジャーというより、もっと暗いイメージの出発だった。ノルマンディーなどヨーロッパの海水浴場も保養地と療養地という二つの顔がある。海辺に住むということは新しい価値観の発見だった。居住性は決してすぐれたものではないが、海辺に住むことが健康にいいということで、人気を呼ぶことになったのだろう。明治半ばの東海道線、横須賀線、それに江ノ島電気鉄道の開通が別荘地の開発に拍車をかけたといえる。（「湘南別荘物語」著者・島本千也氏＝談）

弦斎カレー

「食」追求した料理読本◆明治の味よみがえらせ

歴史は文化を生み、時には新しい伝統の触媒となる。明治の実用小説家村井弦斎は大ベストセラー「食道楽」を出版し、食文化実践のための理想郷を築いた。平塚市では郷土の逸材をもっと知ろうと博物館が地元の料理屋や食材会社などと協力して弦斎キャンペーンを展開している。

◇

「邸内の広さ二万余坪、野菜園あり、果樹園あり、温室あり、鶏舎には数百羽の鶏三々五々群を成し、兎は柵に飼はれ、羊と牛は牧草茂れる所を優遊す、庭には長松影清く、芝生の上かぜも無くして冬の日の暖さ、その日光に浴せん」

弦斎は一九〇三年（明治三十六年）一月から報知新聞で「食道楽」の連載を開始。半年後に「春の巻」が出版され、十万部の売り上げでベストセラーとなった。その印税で平塚に一万六千四百坪の土地を買い、小説の設定を実践する。

「歴史小説を書くと鎌倉時代のことも現代風に書いてしまう。時代に関係なく物語を展開する。その中に男女の恋愛関係をいれていく。弦斎入社の時の報知社長矢野龍渓は『経国美談』で小説とは人を楽しませるためのものだとした。小説とは娯楽だと考えた」

二〇〇〇年（平成十二年）に弦斎展を開催した平塚市博物館長の土井浩は、大衆作家弦斎の異色ぶりについて語る。

果樹園でのイチゴ狩り　平塚市博物館提供

徹底した実践活動が弦斎の真骨頂であった。「食道楽」も小説の体裁を取りながら、実際には日本人の健康を考え、体力の基礎を作ろうという「料理読本」であった。

「ご飯をたくさん食べると脚気になるとか、砂糖や塩を取りすぎるとどうだとかいうことが出てくる。さまざまな実験を自分を使って行うようになった。断食であったり、自然食になったり、生のものを食べるようになる。そこで体力を消耗して亡くなった」

特別展をきっかけに、町おこしにしようと「村井弦斎の会」が二〇〇一年に作られた。カレー、カレーパン、スープなど「食道楽」のレシピで、料理屋やレストランなどの経営者がレトロの味を再現した。

◇

「弦斎の会」会長鳥海義晃は料理屋の経営者。「次にカレーに挑戦することになった。横須賀の軍艦カレーのもとは弦斎カレーだということが資料にある。平塚市内のカレー店にあつまってもらって、試食会を重ねた。昔の味そのものだと、ぱさついてしまって、味の風味があわない。レトロ風に合わせていくにはやはり素材を大事にしなくてはいけない。そこで肉の素材の質を高め、肉汁をうまくミックスさせた」

弦斎の製品開発に取り組む平塚の食肉会社フリーデン常務前田隼彦はいう。

「祖父が明治時代小岩井農場で育牛の飼育とバター製造に携わっており、明治屋を通じて平塚の弦斎宅に毎月小岩井バターを送っていた。祖父もつながりのあった弦斎の仕事をこうして再現できるというのは不思議な縁を感ずる」

◇

博物館と料理屋、食材会社が知恵を出し合って、弦斎の復活のロマンを描く。

一九〇一年（明治三十四年）正月、弦斎は報知新聞に「二十世紀の預言」を掲載した。「無線電信及電話」、「七日間世界一周」など二十三項目について、百年後の世界を予測したものである。食事はどうなのか。食事についての予測はひとつもなかった。

（二〇〇二年七月二六日）

村井弦斎夫妻（1901年ごろ）　平塚市博物館提供

◆ジャーナリスト弦斎

明治以来、日本の新聞には政論中心の大新聞と、巷の出来事や花柳界、芸能界などの話題を満載した小新聞の二つの流れがあった。矢野（龍渓）は二つながらこれを否定し、あくまでも事実に基づく報道中心の新聞を目指そうとした。弦斎はまさにこのような外交員（知性と教養に優れ合理的判断のできる報道記者）として矢野によって迎え入れられた。明治三十八年に月刊雑誌「婦人世界」の編集顧問として実業之日本社に移る。こうして新しい発表の舞台を得た弦斎は水を得た魚のように婦人と家庭をテーマに堂々の論陣を張り、多くの読者をひきつけた。（平塚市博物館夏季特別展より）

第二部◇生活の革命④

ダイコンの台地

潮風吹く畑で七十五年◆伝統の味守り続ける

海と太陽に恵まれた三浦半島の台地はダイコンとスイカの故郷。畑作業一筋の菱沼眞蔵（87）（三浦市初声在住）にとって、「生きる喜び」とは「少しでもいいダイコンを作る」ことである。土を守り、味と形を探求するダイコン人生は七十五年を超えた。

「親父もダイコンを作っていた。百姓やらなきゃ、服も着させねえ。靴も履かせねえといわれ、昭和のはじめに小学校を卒業すると、すぐ手伝った。生のダイコンを運ぶ車がなかったので、加工用の干しダイコンがほとんどだった。横須賀まで牛で大八車を引いていった。早朝に出て市場が開く十時ごろに着いた。時間はいくらでもあったよ」

三浦の産地では勧農政策の一環として一九〇五年（明治三十八年）ごろからダイコンの生産が始まった。豊かな土と温暖な天候が野菜栽培に適しているとみて、練馬ダイコンの栽培法を研究し、旧来品種と交雑改良を重ねた。はじめは細長い干しダイコンだったが、冬でも青々として新鮮な品種の開発に成功し、大正十四年には「三浦ダイコン」として市場に出回った。

◇

「私が手伝い始めたころは自家採種の時代。気に入ったダイコンができると、花を咲かせて、種を採った。でもミツバチが周辺の畑から種を運んできて、自然交配してしまう。いいものを作るというのはなかなか大変なことだ。それに灌水施設がなかったので、種まきで雨待ちしなくてはならないこともよくあった」

菱沼眞蔵さん＊

戦時中は畑が軍用施設にされたが、農林省の指定を受けダイコンつくりは続いた。

「軍の需要をまかなったのか。泥つきのまま船に積んで出したこともある。市場に出す時の一割ぐらいの金を手間賃としてもらった」

冬場のダイコンだけに収穫には神経を使った。凍っていると、肌を傷めかねないので、太陽が昇って表層の土が溶けるのを待つ。凍結していないときでも箱入れは夜になった。収穫作業の厳しさや運搬上の効率性、身の締まったものを好む消費嗜好などから、太くて長い三浦ダイコンは、短めな品種に改良されていった。

さらに青首ダイコンが全国の市場に出回り、三浦の産地も直撃を受けた。

「七九年（昭和五十四年）十月に襲来した大型台風で間引き後のダイコンがみな吹き飛ばされてしまった。出荷にも影響しかねないので、それまでは見向きもしなかった青首ダイコンの種を播き直した。背に腹はかえられなかった。だが収穫時に腰を痛めがちな女性の農作業が楽になるので、青首が主流になってきた。サラダ、生野菜嗜好へと消費者の食生活も変化して、青首への傾斜が進んだ」

ダイコンを洗う農家の主婦(1965年ごろ)
横須賀三浦地域農業改良普及センター提供

◇

伝統の三浦ダイコンは、風前の灯だった。だが菱沼はこだわり続けた。

「煮るのに時間がかかるが、厚く切っておくと、芯のほうにもじっくりと味が染み込む。刺身のつまにはシャキシャキした食感がたまらない。正月料理は三浦ダイコンでないと駄目だという隠れた愛好者も多い。三浦の産地全体ではせいぜい一パーセントだが、うちでは今でもダイコン総生産量のうち一〇パーセントは三浦ダイコンだ」

妻に先立たれてからは、菱沼は一人でダイコン栽培を守ってきたが、長男夫婦と孫が戦力に加わり、ようやく重労働から解放された。戦後から続く雨乞いの大山（伊勢原・阿夫利神社）参拝と温泉旅行が待ち遠しい。シーズンごとに触れる収穫したてのダイコンの肌合いこそ、今も菱沼のいきがいである。

（二〇〇一年九月二一日）

◆海の恵みが生育の支え

同じ土地でダイコン作りが百年続くというのは、他に例がない。三浦は小さな半島で低い台地のため雲ができにくく、気候が安定している。風で運ばれる海水は、ダイコンの生育に必要なマグネシウムやカリウムなどミネラルを含んでいる。台風などの被害も少なくないが、海の恵みがダイコン栽培を支えてきてくれた。

三浦ダイコンといっても形状がマチマチだったが、中葉で形や味のいい新品種に一本化、時代の要望を考慮して、中国のアカダイコンとかけ合わせ、サラダ用「レディーサラダ」を開発するなど、品種改良に取り組んできた。（三浦市農協営農指導員・福島大輔氏＝談）

第二部◇生活の革命⑤

山門復帰

関東大震災で倒壊◆英勝寺に八十年ぶりに移築

鎌倉に残る唯一の尼寺・東光山英勝寺は、徳川頼房の養母英勝院が開基となり、自らの菩提寺として創建した古刹である。一九二三年（大正十二年）の関東大震災で倒壊した山門は、市内の住宅地に移築保存されていたが、市民の募金などで八十年ぶりに寺に再建される見込みになった。二十世紀最大の自然災害の傷跡は、今市民の手で復元がはかられている。

◇

鎌倉市扇ガ谷の英勝寺には水戸徳川家ゆかりの江戸初期の名建築がそろっている。装飾に当時の文化の面影を残す仏殿、近世鎌倉唯一の袴腰付きの鐘楼、華麗な色彩の祠堂（墓廟）、精巧な細工を施した唐門など、鎌倉を代表する貴重な遺構である。山門は水戸黄門で知られる徳川光圀の兄、讃岐高松藩主松平頼重の建立。頼重は尾張、紀伊徳川家に嫡男が誕生する前の子だったため、遠慮して葬られようとしたが、英勝院の計らいで誕生に至ったとされる。高松十二万石の城主にとりたてられたのも、徳川家康に仕えた英勝院の陰の力であった。山門造営には頼重の英勝院に対する深い思いがしのばれる。

「尼寺なのでとくに四季の花が美しい。入り口から後ろの山にかけて染まる紅葉は鎌倉髄一である。地元で寺の目の前に住んでおり、妻の父の分骨をしたり、妻の母の墓も作った。住職とも先代から懇意で、因縁が深い。普段は公開されない寺だったが、観光協会の寺社拝観めぐりでは、私の信用で、教え子を配置して、一週間公開してもらったこともある」

県立湘南高校の社会科教師で県立高校の校長も勤めた内海恒雄(65)は、英勝寺との深いつながりについて語る。退職後は鎌倉の史蹟めぐりをライフワークとし、寺社ガイドや著述、講演を続けており、英勝寺山門復興の事務局長をつとめ、都合がつけば仏殿や祠堂の特別拝観の案内もしている。

◇

大震災で惣門、庫裏とともに山門も倒壊し、再建は不可能とされた。もともと水戸徳川家のお寺なので檀家がなかった。倒壊後長い年月をかけて、民間団体が募金活動をしたり、現在鎌倉市の公園になっている源氏山を売ったりして、ようやく惣門や仏殿を再建・

移築の見通しが立った山門　内海恒雄氏提供

改修した。だが山門は薪にして売るしかないというのが、当時の寺側の考えだった。この話を聞いて鎌倉に住んでいた三井銀行の重役が買い取り、大正十四年に小町の住宅地に再建した。

「何度か山門は寺に戻したいと思っても実現しなかったが、最近になって宅地造成が始まって、山門も取り壊そうということになり、移築の話が具体化した。とりあえず山門の解体などの諸費用は、英勝寺が土地を売却したりして工面した。現在山門は他の建物と同様に神奈川県の重要文化財の指定をお願いしている所であり、寺の関係者や私たち市民の募金活動で一日も早くもとの場所に再建したいと考えている」

◇

大震災での被害後、第二次世界大戦では軍が山門の銅葺屋根の回収を図ったが、民間団体の鎌倉同人会が「文化財は保存すべきだ」と抵抗して阻止に成功した。そして二〇〇一年（平成十三年）には解体後の山門の旧材が英勝寺に戻った。作家永井路子や安西篤子の講演会など賛助事業をもとにして、市民の協力による山門の再建計画が着々と進められ、数年後の着工を目指している。

（二〇〇二年一一月一日）

◆大震災と鎌倉国宝館

関東大震災で社寺やそこに伝わる豊富な文化財、名勝旧跡などの貴重な歴史的遺産も被害をこうむり、鶴岡八幡宮、建長寺、円覚寺なども全滅し、鎌倉の復旧は不可能と見られた。寺社に安置または伝蔵されていた仏像など多くの宝物も損傷した。天災に備えて安全に文化遺産を保護できるような施設を作ろうという要望が高まり、大正十三年に鎌倉国宝館建設の機運が盛り上がった。鎌倉同人会の強力な支援もあって、昭和三年に鶴岡八幡宮境内に設立、開館した。大震災が文化財保護の大切さを教え、保護施設を生み出した典型的な一例となった。（「神奈川県立博物館だより」昭和五十五年より）

デンの岬

日本動物学の恩人と母娘二代◆見果てぬアメリカ行きの夢

一九〇〇年（明治三十三年）夏、油壺（三浦）の東京大学理学部附属臨海実験所に米国人動物学者バシュフォード・ディーンとその妻が逗留した。地元民は「デンさん、デンさん」と呼んで親しみ、太平洋の彼方のアメリカに夢をふくらませた。だが家族の反対で、養女としてアメリカに渡るという旧家の娘の思いは見果てぬ夢となった。

◇

「北条の軍勢によって滅ぼされた三浦一族ゆかりの鎧兜《よろいかぶと》を見せてくれといって、デンさんが漁村にある母（石渡ミツ）の実家を訪ねてきた。次に来日したら持ち帰ると約束して帰国したのだが、買った鎧兜は火災で焼失した。デンさんへのお詫びの気持ちで、ミツがお屋敷奉公することになった」

所沢に住む次女の鈴木トヒ(91)は、母ミツから何度も聞かされたというデンことディーン夫妻とのはじめての出会いについて、記憶の糸をたどるように語り始めた。

動物学者エドワード・モースが描いた海の動物のスケッチを見て、動物に興味を持つようになったディーンは、妻を連れて来日すると、実験所二階洋室で秋まで過し、翌年も春から夏にかけて再来日した。この間採集用のボート「小桜」とヨット「荒井丸」を自費で建造し、実験所の研究者にも自由に使わせた。さらに構内に和風の屋敷を建てて住んだ（のちに屋敷は職員宿舎として長く利用された）。

「ミツは夫妻を案内して、町の呉服屋へ出かけ、デンさんの紋付羽織や夫人の模様の入った反物を買ったという。夫妻は財布をミツに預け、買い物を一切まかせていた。ミツはその反物で夫人の和服を仕立てた。農家の娘の結婚式には、夫妻はミツが見たて、仕立てた衣装で参列した」

◇

ディーン夫妻は、日本の風俗や生活慣習にも積極的に溶け込み、結婚式や葬式にも夫婦で参加した。とくに鎧兜の収集には情熱を傾け、帰国後はメトロポリタン美術館（ニューヨーク）に入り、日本甲冑目録を出版している。

「夫妻は従順で愛くるしいミツがすっかり気に入り、養女として連れ帰ろうとしていた。ミツの十人兄弟のうち女は二人だけだった。姉が若くして死んだ後、男兄弟は『外国に女一人ではやれない』と強く反対。アメリカに行きたいというミツの夢は消えた」

ディーン夫妻が帰国後、二十三歳になったミツは日露戦争から戻った男性と結婚した。ディーンとの出会いを知る夫は、新聞に名前が出ると、ミツに知らせた。また得意の英語でディーンあてのミツの手紙を英訳してやった。結婚してまもなくミツのもとに「ルビーの指輪と脚の付いたお盆」が届いた。「寿」と書かれた朱塗りの杯が三つ重ねられていた。

ディーン教授（中列左端）を囲んだ実験所スタッフ（1900年ごろ）『臨海実験所の百年』より

石渡ミツ（前列向かって右側）

『日本人の友に託してお祝いの皿を贈ります。アメリカではキャンディーやクッキーを載せるのに使うものです。（結婚式の）写真、大変よく撮れていますね』

デイーン夫人から愛情のこもった手紙も届いた。

◇

ディーンは第一次世界大戦で、自分が集めた鎧をつけて参戦し大きな話題となった。ミツの娘トヒは、教員検定試験に失敗、人生設計に悩んでいた。不況と満州事変に向けて戦争の影が忍び寄る時代。トヒはミツが果たせなかったアメリカ行きの夢をひそかに育んだ。だが母は「旅立たせることはできても、その後の仕送りは続けられない」と優しくなだめた。母娘二代の「見果てぬ夢」の結末だった。その翌年の二九年（昭和四年）、「日本動物学会の恩人」（ディーン）は、ニューヨークの自宅で一生を終えた。

（二〇〇一年七月六日）

◆創設時から広く門戸開放

東大実験所は創設当時、ナポリ（イタリア）、ウッズホール（アメリカ）、プリマス（イギリス）と並ぶ本格的施設とされ、ディーン教授や精子先体反応という最先端分野で知られた米女性学者の團ジーンさんも、油壺で研究した。二〇〇〇年度から相模湾における生物保護区制定に向けプロジェクトが開始された。記録された生物の鳥瞰図を作製、採集した生物と標本をインターネットで発信する。将来は世界規模で環境を考えるプロジェクトに育てたい。（東京大学臨海実験所長・森沢正昭氏＝談）

アメリカザリガニ

輸入、厄介者扱いで消滅◆少年時代の思い出だけに

淡い少年時代の思い出にアメリカザリガニを獲って、仲間に自慢したことがないだろうか。食用蛙（ウシガエル）の養殖用に北アメリカから輸入され、岩瀬（鎌倉市）の養殖場で試験的に使ったのがきっかけとなり、戦前から戦後へと三十年かけて北海道を除き全国に広がった。

「一匹一ドル五十セント（邦貨約三円）以上で、料理は一品二ドル（四円）以上」といわれた食用蛙は、大正末期から昭和にかけて「食糧問題解決の一策」として注目されていた。農家の副業としての価値もあり、岩瀬に「鎌倉食用蛙養殖場」が作られ、アメリカザリガニが餌として持ち込まれる。大正末に移入されたとの説もあるが、定説では一九三〇年（昭和五年）に研究者が船便で移送した二〇匹が大繁殖につながったという。

◇

「父親の実家は五、六代続く農家だった。鎌倉の水田で初めて接した時『これはなんだ』という驚きから始まった。大きなはさみを持ち、威嚇する。遠くの町から子どもが獲りにきていた。バケツに入れて見せびらかしたことをかすかに覚えている。そのころ湘南に大水が出て生息地が一気に広がっていった」

丸山清（73）（藤沢市村岡在住）は、アメリカザリガニとの初めての出会いを思い起こす。在来種として湘南では、ほっそりして優しい形のテナガエビが生息していた。食用としても適しており、住民はフライなどにして親しんでいた。ところがアメリカザリガニが繁殖すると、駆逐され姿を消した。

結局食用蛙は、思惑通りには定着せず、アメリカザリガニの被害が目立ってきた。水田の畦に穴を掘り、巣を作る。水漏れして畦を壊す原因ともなった。幼い稲の茎をちぎる被害も現れ、次第に厄介もの扱いされるようになった。

「体が大きい割に身がなく、食用には適さなかった。でも戦事中の食糧不足の時に食べたような記憶がある。終戦後新たに広がっていった地域では、進駐軍と時期が一緒だったので、『進駐軍がきた』というような感じで、『ザリガニ進駐』という言い方をしている人もいた。この言葉には憎しみが込めら

れていた」

◇

アメリカザリガニが一番好むのは、冬も夏も水がなくならないような湿田。五〇年代に入ると、水はけをよくして生産性をあげるために、乾田化が進み、用水路や畦をコンクリートにするところが増えてきた。さらに有機燐剤などを使う農家が増え、日本ではアメリカザリガニも生きられなくなってきた。

戦後まもなく鎌倉の神奈川県農事試験場に併設されていた農業技術講習所で学ぶことになった丸山は、資料を収集してアメリカザリガニの生態を調べたことがある。

「一時は雑草防除効果があるのではないかと注目され、農事試験場で試験を繰り返した。だが農作環境の変化の方が先になり、今では山崎の谷戸のように湿田が残っているようなところに、わずかに見られる程度になってしまった」

田んぼでアメリカザリガニをとる子供たち（藤沢市村岡地区で）（1964年）　丸山清氏提供

アメリカザリガニが最初に放養された鎌倉食用蛙養殖場『グラフ神奈川』より

人間が生きていくために輸入され、意味がないと分かると無視されるか、厄介者にされて消滅していった。アメリカザリガニのいる風景は、かすかな少年の日の思い出の中でしか存在しなくなったのか。

（二〇〇二年五月三一日）

◆日本在来はザリガニ一種

ザリガニは大きなハサミをもつところから「カニ」という名を与えられているが、「エビ」の仲間である。いざるように歩行するところから「いざりガニ」と呼ばれ、ザリガニはその訛だという。ザリガニの仲間は、アフリカ以外の各大陸に約三百種が分布しているといわれ、日本にはザリガニ、アメリカザリガニ、ウチダザリガニ、タンカイザリガニの四種がすみついている。日本の在来種は、ザリガニ一種で、個体数も少なく、北海道と東北地方の一部に分布するのみで、ほかはすべてアメリカから移入されたものである。

（神奈川県広報誌「グラフ神奈川」一九八〇年より）

第二部◇生活の革命⑧

彫技冴える

仏像彫刻から鎌倉彫に転業◆戦後は駐留米兵が注目

商家風の古いたたずまいを残す鎌倉・由比ガ浜商店街の中でもひときわ目立つ和洋折衷の寸松堂《すんしょうどう》は、鎌倉彫の老舗である。そこには業界最長老・佐藤泰岳(90)の関東大震災から大戦、戦後の復興期へと八十年にわたる歴史があった。

明治のはじめ廃仏毀釈で鎌倉でも仏教関係のものが壊され、仏師が転廃業を迫られた。その一部が技術を生かして鎌倉彫を始めた。明治の元勲が面倒を見てくれたことも鎌倉彫の隆盛を支えた。

◇

「古い伝統を持つ三橋宗家に入門した兄弟子佐藤宗岳は、一九二一年(大正十年)ごろ鎌倉・由比ガ浜通りに独立開業した。大正十二年九月一日、関東大震災に遭遇した三橋宗家は、京都の紫野大徳寺の塔中の一室を借りて、茶道の表千家・千宗左宗匠の指導で茶道具を作り続けた。私(泰岳)は十七歳の時に入門した。師匠は京都で十三年茶道具を作り続けたが、一九三五年(昭和十年)白内障で失明、生まれ故郷に帰りたいというので、家族全員で鎌倉に引き上げた」

専売局の倉庫と植木屋の畑があった土地を先代が譲り受けて、三六年に工房を兼ねた現在の寸松堂を建設した。どんなつながりがあるのかはわからないが、「伊達藩の江戸屋敷によく似ている」といわれた。だが戦争の影が忍び寄り、三七年に勃発した日中戦争で佐藤は衛生兵として従軍し、旧満州に行った。

三九年に帰国し、結婚して寸松堂を正式に引き継いだ。四一年開戦前に第二回目の召集で北満州、仏印(ベトナム)、フィリピン、ニューギニア、ニューブリティン島と転戦したが、マラリアなど病気に倒れ、四三年に帰国。体重はわずか二八キロになっていた。まだ戦争は終わっていなかったが除隊になり、鎌倉に戻った。戦争により鎌倉彫は完全に止まっていたが、戦前のものを売ったりしてわずかに命脈を保っていた。

そして終戦。直後から仕事を再開した。戦後混乱の中で鎌倉彫に目を付けるものはなく、だれも買ってくれなかった。予期せぬところで復興の兆しが現れた。

◇

「サイドテーブルなどにするため、駐留米兵から注文があいつぎ、売るものがなくなった。会津若松にも足を伸ばして、補充の製作を依頼した。日本人が再び目を向け始めたのは朝鮮戦争による特需のあとであった。皮肉なことに鎌倉彫はアメリカによって救われたのだ。日本人が再び鎌倉彫に目を向け始めたのは、朝鮮戦争がはじまってからだった。預金が凍結され、財産申告が義務付けられた。土地と家があると、凍結されている預金から金が取り上げられた。さいわい寸松堂の建物は無事であった」

　作業は毎日朝八時から夜九時まで続けた。北海道日高地方のカツラ、秋田杉、ヒノキは木曾と鎌倉彫の素材には事欠かなかった。

今もなお鑿(のみ)を振るう佐藤泰岳さん＊

◇

「香合（香料入れ）を戦前の三四年（昭和九年）に萩の窯元から頼まれていた。除隊になって鎌倉に帰ってから兄の手伝いで始めた。細かい彫で柳の枝を切り裂いて仕事をした。義経の香合と呼ばれていた。十七歳からはじめて七十二年になる。小学生の時、鉄棒が得意で体操学校に行けよといわれたが、好きな鎌倉彫の道を選んだ」

　手先の仕事なので「細かい仕事は駄目だ」というが、今年九十歳を迎える佐藤は、今も伝統の鑿に力をいれる。

（二〇〇二年一二月一九日）

◆鎌倉彫のはじまり

　源頼朝が鎌倉に幕府を開いてから鎌倉彫が作られるようになった。武家政治の中心となった鎌倉は、中国の宋から伝えられた禅宗が広まり、建長寺、円覚寺をはじめとする禅宗寺院が数多く建てられた。禅僧の中国との交流も深まり、たくさんの文物が入ってきた。中に堆朱・堆黒と呼ばれる漆を何回も塗り重ねて厚い層とし、その漆の層に彫刻した彫漆工芸品があった。当時の仏師や宮大工たちは、これと同じようなものを作ろうとして、木に直接文様を彫刻してから漆を塗る方法を考え出した。これが鎌倉彫のはじまりとなった。

第二部◇生活の革命⑨

マグロ漁人生

海の男の一念◆大海原に鎮魂の思い込め

洋上で勤行する井内乾仁さん
（1955年ごろ）

「南無妙法蓮華経」――。戦前からマグロ漁一筋に生きた海の男は、大海原で水平線に顔を出す陽に向かって経文を唱え、太鼓を打ち続けた。南方戦線で倒れた戦友、海に消えた同僚、「死の灰」を浴びて死んだ仲間――。海に散ったさまざまな人生への鎮魂の思いが男を祈りに駆り立てた。

◇

「四国の高等小学校を卒業して叔父の漁船に乗せられ、カツオ漁を手伝って三崎港に寄港した。兄の友人のマグロ船に乗る手はずができており、身の回りの品物が入った行李一つで下ろされた。叔父の船はいつしか姿を消していた」

徳島南部の半漁半農の小村で生まれ育った井内乾仁（81）は、一九三六年（昭和十一年）初夏、十五歳で体験した「大事件」を複雑な思いで振り返る。無線見習として乗船し、マグロ漁を手伝いながら資金を稼ぎ、無線士の資格を取得した。そして開戦直前の召集。野戦高射砲隊の暗号係としてラバウルに送られた。

「輸送船ではニュースを受信し、ガリ版印刷して、船内新聞として配った。マグロ船での無線技術が買われて、方面軍司令部との送受信をまかされた。ニューギニア戦線から敗戦の報ばかり続いたが、極秘扱いで口には出せなかった。漁師経験者五人で漁労班を作り、地引網を仕掛けたり、自転車のスポイルを削って針を作り、赤い目の大魚を釣って、部隊の蛋白源とした」

◇

敗戦翌年に引き揚げ、故郷で父親の漁の手伝いをしているうちに電報で三崎に呼び戻され、再びマグロ船に乗った。操業は漁業規制海域（マッカーサーライン）以内に制限されていた。だが解除と合わせて船も大型化され、インド洋からハワイ沖へと操業海域は急速に広がった。だが大海にも時代の荒波が押し寄せた。

「ビキニ環礁での米国の水爆実験（五四年）で第五福竜丸が被爆した時、近くの海域で操業していた。同じ通信士の久保山愛吉さん（放射能症で死亡）の無線も聞いていた。風向きで直接の被害はなかったが、原爆マグロ騒ぎで入港後にマグロを捨てた」

石油ショック（七三年）の時は、ペルー沖での操業のため、パナマにいた。モービル油が調達できず、日本船が何隻も足止めされていた。「窮余の策で妻に国際電話し、三崎―東京―ニューヨークと親戚のつてをたどり、ドラム缶四本分の油が届いた時は、思わず万歳を叫んだ」という。

マグロ船の出港で賑わう三崎港（1955年ごろ）　井内乾仁氏提供

◇

気仙沼（宮城）の新造マグロ船の処女航海がきっかけで経文を唱えるようになった。猛吹雪の中での艤装を終えて、五五年一月に漁労長として三崎港を出港したが、最初からつきに見放されていた。出港直後、西の強風で船尾を破損、引き返してドック入りした。マーシャル諸島の海域でようやく操業開始したが、台風が発生、海が荒れた。

「揚げ縄作業もようやく終わりかけた真夜中、当直の機関部員が配電盤のスイッチに接触して倒れた。即死状態だった。寝棺を作って遺体を氷漬けにした。四つの魚艙が空のままでは遺族への補償もできないとして操業を続け、満船にして帰港した。でも心の安らぎは得られなかった」

七六年に定年を迎えてマグロ漁人生に区切りをつけるまで二十一年、洋上の勤行は続いた。鎮魂のためだけとは思わない。苛酷な戦争を生き延び、大海の嵐を潜り抜けて今生きている。仏への感謝の気持ちでもあった。海からは離れたが、勤行は今も続く。傍らで老いし妻も黙々と太鼓を打ち唱和する。


（二〇〇一年七月二〇日）

◆マグロ漁

大正末、三崎に四七トン、七五馬力の木造新型船が登場し、延縄漁船近代化の先駆となった。昭和になると無線通信装置が導入され、行動半径が広がる。開戦で船が特殊哨戒艇として徴用され、マグロ漁も一挙に衰退した。戦後の漁業規制解除後は、次々に新漁場を開拓し、昭和三十年代初めには大西洋にも進出、搭載母船まで登場した。さらに韓国や台湾など周辺国のマグロ漁進出、超低音冷凍技術の開発、漁獲の落ち込み、自由化による輸入マグロの急増、乗組員の減少などの影響で日本のマグロ漁は大きな構造改革を迫られた。

第二部◇生活の革命⑩

磯の息吹

百年を越える東大臨海実験所◆今は動物も激減

相模湾の生態系研究のために十九世紀末に創設された油壺（三浦市）の東京大学理学部附属臨海実験所は、日本の動物学発祥の地である。磯野直秀（65）（元慶大教授、横浜在住）は、実験所の海で青春時代の夢を追い、人生航路を決めた。

◇

「深海性の動物が沖の瀬のような浅い海域にいる。材料が手軽に手に入る相模湾は、世界屈指の動物学の宝庫だ」

地の利に目をつけてアメリカ帰りの動物学者・箕作《みつくり》佳吉が一八八六年（明治十九年）、三崎に実験所を創設した。祖父は蘭学者・箕作阮甫、次兄は数学者・菊池大麓と箕作は大学者を輩出した名門一族だった。

実験所は十年後、油壺の現在地に移転、すでに百年を越す歴史を刻んだ。実験所百年史をまとめた磯野は、「箕作は帰国後、西伊豆の戸田や瀬戸内海の鞆津を回って比較し、最終的に三崎を選んだ」という。

「東大に入学当初は植物の光合成の研究をと思っていた。でも生物研究会に入って採集をしているうちに海の動物の虜になった。理学部進学後の最初の臨海実習では、和船漕ぎを覚えさせられ、早朝にプランクトンを採集した。実験所に戻ると一日中、顕微鏡をのぞき、スケッチしたり、分類を学んだ。クラゲや珪藻の美しさにも魅せられた」

◇

実験所の研究生活で磯野の忘れられない思い出は、研究の助け手として手足になって働いてくれる採集人たちとの出会いだった。「研究材料が、いつ、どこへいけば採れるか」を肌で知って

東京大学理学部附属臨海実験所　横浜開港資料館蔵

いる海の生き字引である。地元の漁師「重さん」こと出口重次郎（一八九四〜一九八二）も名物採集人の一人。

すべて耳学問でドラベラ（タツナミガイ）、クロモドーリス（イロウミウシ）など動物の学名を暗記し、研究者や学生の注文に応じた。産卵期が短い研究用のアカウニの放卵を抑える独自のアイデアも編み出した。慣れぬ手つきで顕微鏡を覗き、動物のスケッチをすることもあった。

「昭和のはじめから戦争を経て半世紀以上、実験所を支えてくれた。油壺では重さんとはずっと一緒で、気さくな仲間だった。和船で海上に出て、動物の採り方などを教えてもらった」

和船を操る出口重次郎さん

◇

海の環境変化の影響は、実験所にも押し寄せてきた。周辺の住宅の増加による排水や海水そのものの汚染の広がりで、油壺湾の動物も激減した。

「相模湾周辺は何億年も生き続けてきたシャミセンガイの宝庫だった。大森貝塚を見つけた動物学者のモースが江ノ島に臨海実験所を作ったのもシャミセンガイの採集が目的だった。油壺湾にもいたが、今は絶滅状態だろう。水質悪化が進み、生物を育てるために、人工海水でないと生物が育たないぐらいの状態だ」

磯野は油壺の体験を足がかりにして、ライフワークの日本博物誌に取り組んでいる。

「恵まれた自然環境がなかったら万葉集も枕草子も生まれてこなかったろう。日本人が縄文時代からどのように自然とつき合ってきたのかを一人一人が知って、人間と自然の共生の歴史を将来に伝えていってほしい。博物誌にはそんな願いもある」

磯野にとって油壺の海辺に生息する小動物たちの運命は、地球上の人類の運命を指し示すリトマス試験紙でもある。

（二〇〇一年六月二九日）

◆実験所も特攻基地に

四一年に太平洋戦争に突入すると、物資も不足し、ビーカーも新品の補充はできなかった。四五年二月、実験所はついに海軍に接収され、特攻用特殊潜航艇の基地となった。敗戦で米軍に接収された際、團勝磨・東大講師は、本来は科学研究施設であるこの場所を破壊しないでほしいとの書き置きを実験所の扉に残した。だが水族館の標本の多くが持ち去られ、壊された。実験所創設以来の苦難だった。四六年三月米軍の撤収で復旧作業が始まり、人々はまず海軍が塗った青ペンキを剥ぎ落とした。（創立百周年記念「臨海実験所の百年」より）

禅の道

大拙の思索の場◆東慶寺裏山の松ヶ岡文庫

「駆け込み寺」で知られる鎌倉の名刹東慶寺の松ヶ岡文庫で、仏教学者鈴木大拙は禅の研究を続け、思索に明け暮れた。手入れの行き届いた文庫はひっそりとたたずみ、孤高の思想家の面影を封印する。東慶寺閑栖《かんせい》・井上禅定(91)は、大拙のいた文庫の光景を懐かしく思い起こしている。

一九四一年（昭和十六年）に住職となった井上は、大拙の資料保存のため東慶寺の裏山に文庫を設立しようと奔走した。

「開戦直前だった。鎌倉は要塞地帯だったので、私はまず鎮守府へ行って伺いをたてたところ、『大船には軍事工場があるので、そこを見られてはならん』といわれた。何とかならないかと食い下がると、軍は『仕方がない。遮蔽すればこの限りにあらず』と折れた。だが力をかさにした軍に批判的な大拙は、遮蔽工事をしなかった。そして四五年、第二次大戦が終わり、やっと文庫が完成した」

大拙と井上の接点には釈宗演という僧がいた。円覚寺管長であったが、後に東慶寺住職として北条時宗の妻・覚山尼が開祖の尼寺の後継者となった。井上の父親は宗演の弟子で円覚寺で修行をしていたことがある。一九年（大正八年）四月、井上の故郷の南足柄に呼ばれた宗演は、百人ほどの檀家の人を前に授戒を行った。この時、小学二年生の井上は、はじめて宗演を近くに見た。

現在の松ヶ岡文庫＊

「宗演はその年の十一月に亡くなった。私は宗演を知る最後の人であろう。記念撮影も放り出す腕白の盛りで一週間会っただけだが、宗演は私の心の中で今も生きている。それがきっかけで、私は東慶寺に小僧として入った」

◇

時代はさかのぼる。若い頃から、円覚寺に通っていた大拙は、インド、セイロン（スリランカ）、アメリカと世界を回る国際派の宗演に魅かれていった。円覚寺管長時代の宗演の推薦で渡米した大拙は、西洋における東洋思想の現状を学んだ。大拙は一九〇九年（明治四十二年）に十二年ぶりに帰国。二年後に米国外交官の娘ビアトリス・アースキン・レーンと結婚した。

井上は手元にある宗演の日記をもとにして、「ビアトリスは最初、宗演の法話を聞きに来ていた。宗演は大拙に『お前、この娘に細かいことを話してやれ』といってビアトリスに紹介したのが、そもそもの始まりだった」となれそめを語った。

井上禅定師＊

学習院、東大、大谷大学などで教壇に立ち、夫妻で英文仏教誌「イースタン・ブディスト」を発刊、二十年間にわたって刊行を続けた。その間夫妻で鎌倉に動物愛護慈悲園を建てるなどビアトリスは、大拙に欠かせない存在となった。だが三九年に大拙は妻に先立たれる。そのころから大拙は、宗演への報恩のために遺言に沿って、文庫建設を考え始めた。

◇

五九年（昭和三十四年）に加賀百万石の江戸屋敷の仏堂を移築し、関東大震災の後、鎌倉国宝館にあずけてあった水月観音を迎えることになった。その落慶式の日、鎌倉は伊勢湾台風に荒らされた。大拙は気をもむ井上に「お経はあんたがあげ、わしの話はあんたが聞けばいい」とこともなげに言った。直前になってにわかに晴れ上がり、円覚寺管長や檀家も集まって式は無事に終わった。この落慶式の情景は、大自然そのもののおおらかな大拙の人間性を示すものとして、井上には忘れられない思い出である。

（二〇〇二年一一月二九日）

◆松ヶ岡文庫の建設

建設にあたって東慶寺が土地を提供し、安宅産業の安宅彌吉氏や一万田尚登氏が代表の工業倶楽部などが資金を出して次第に形をなしてきた。設計は柳宗悦氏。その後出光佐三氏の支援でさらに書庫の増築や二階の建て増しなどがなされた。大工さん一人にしてもみな大拙先生に対する一心の思いが集まって建てられたものである。六六年に大拙先生が急逝されたあとは、古田紹欽先生が文庫長として財団法人松ヶ岡文庫の増築、蔵書の拡充など文庫の歴史に携わってきた。禅に関する本を中心として六万から七万の蔵書は、日本の禅文化のセンターの名に恥じない。

（松ヶ岡文庫主任・伴勝代女史＝談）

第二部◇生活の革命⑫

わが生涯の輝ける日

満州生まれの李香蘭◆戦後の鎌倉で再起待つ

李香蘭の名前で満映でデビューし、一世を風靡した映画スター山口淑子は終戦直後、満映時代からの知人である鎌倉の元東宝東和映画会長・川喜多長政邸に仮住まいし、敗戦後復活した映画作りに参画する。鎌倉は人生の節目節目で山口の生活を支える拠点となった。

◇

撫順（満州）生まれの山口は、音楽の才能に恵まれ、歌手として、さらに女優としてスターダムをかけのぼっていった。だが敗戦に伴い漢奸罪（国家反逆罪）に問われ、中国の軍事法廷で裁かれることになった。小学生時代からの幼馴染だった白系ロシア人少女リューバ・モノソファ・グリネッツが戸籍謄本を届けてくれたおかげで、山口は日本人であることが証明され、無罪が確定。川喜多とともに帰国するが、東京は一面の焼け野原だった。

「川喜多さんは『自分の家は焼けないでそのまま残っているから使ってくれ』とおっしゃって一九四六年（昭和二十一年）四月から、鎌倉の邸宅に寄宿させていただくことになった」

母屋と道路を隔てて二階建て洋館があった。洋館は占領軍に接収され、米海軍将校一家が住んでいたのだが、山口はその一室を借りた。はじめての鎌倉生活だった。

川喜多邸で米軍将校と一緒に
山口淑子氏提供

「ある日、占領軍の米軍将校たちが川喜多邸を訪ねてきた。『ケイランはいるか』という。東宝映画『支那の夜』での私の役名である。日本では敵性語として横文字を排斥していたのに、米国では積極的に日本語のプロを育てていた。ケンブリッジやハーバードを出た若い情報将校たちで、教材として『支那の夜』を百回近く見て日本語を勉強したという。そのケイランに会いたいという思いで訪ねてきたのだ。そのころ私は『李香蘭は中国で死んだ、もうこの世にはいない』と考えていた。映画の出演要請があいついだが、私は断

「わが生涯のかゞやける日」の一場面
山口淑子氏提供

った。日本の占領下で作られた映画に出たために漢奸とみなされた中国の友人たちが映画にカムバックできるようになるまでは、私なりに筋を通して出演しない決意だった」

　山口は初めて鎌倉の地を踏んだころの思い出や心境を振り返る。

◇

　四七年東京・雪谷に部屋を見つけて鎌倉を離れた。四八年本格的な映画復帰第一作として吉村公三郎監督の「わが生涯のかゞやける日」に出演が決まった。松竹大船撮影所の作品であった。中国の俳優たちが復帰したという話を聞いての決断であった。山口も北京から家族が引き揚げてきたために働かなくてはならなかった。

「当時、大船撮影所では撮影の合間にタドンで暖をとっていた。二酸化炭素で気持ちが悪くなったこともある。映画ではキャバレーで働く落ちぶれた令嬢の役を与えられた。ヤクザにまといつかれてタンカを切るシーンがあった。セリフは『何いってやんでえ』『挨拶なしでここを通れるとでも思ってんのか』とヤクザ言葉だった。その後、公演で九州を訪れたとき、本物のヤクザにからまれたことがある。つい映画のセリフが出てしまった。五、六人いた若者は『いや姉御。お見それしました』といって神妙になった。そして満員の会場で体当たりして通路を作り、そこにがばっと腹ばいになって『上を歩いてくれ』という。あとで聞くとみな特攻隊員の生き残り。死ねと命令された若者が一夜明けると生きろといわれる。価値観の転換でどのように生きていったらいいのか迷う若者たちであった」

　試行錯誤しながら戦後日本の変化を受け入れていった。山口はそんな時代を生きてきた。

（新規収録）

◆松竹大船撮影所

松竹が東京蒲田から大船へ撮影所を移転したのは一九三六年（昭和十一年）。「よく俗説で蒲田はステージ（撮影所内の撮影用の建物）の中に豆腐屋のラッパの音が入ってきてトーキが撮れないから大船へ移ったといわれたが、そういう騒音の問題も一因としてあったのかもしれない」（元映画監督大庭秀雄氏）。撮影所開設から太平洋戦争が起こるまでの数年間、松竹は都会的でソフトな大船調と呼ばれる多くの作品を生み出す。戦争中の沈滞期を経て五十一年から五十五年ころにかけて松竹映画は黄金時代を迎える。それは同時に日本映画の爛熟期で、「晩春」（小津安二郎監督）、「二十四の瞳」（木下恵介監督）など秀作があいついで製作された。（はまぎん産業文化振興財団「マイウェイ」より）

第二部◇生活の革命⑬

星岡窯の風雅

山口淑子とイサム・ノグチ◆魯山人茶室で新婚生活

イサム・ノグチ、北大路魯山人と語る　山口淑子氏提供

鎌倉がもう一度、山口淑子の人生に輝きを取り戻すきっかけとなったことがある。日系アメリカ人彫刻家のイサム・ノグチと結婚し、陶芸家の北大路魯山人の茶室を借りて新婚生活をすることになったのだ。ハリウッドを舞台に国際女優として活躍し始めた一九五〇年代のことである。

◇

書、絵画、陶芸、漆工、料理と多彩な才能を開花させた魯山人は一九二六年(大正十五年)、北鎌倉の山崎に星岡窯を築き、竹林や山林が散在する広大な土地に接客用の慶雲館や母屋(田舎家)など旧家を移築、「自然は芸術の極地であり美の最高である」とする理想郷を作った。

「結婚当初、イサムさんと私は東京の日本式旅館『福田家』に住んでいた。その旅館で使っていたのが魯山人の陶器だった。芸術の極致ともいえる作品を見て、矢も楯もたまらずイサムさんは魯山人のいる鎌倉を訪れたのだと思う」

五一年(昭和二十六年)十二月、イサム・ノグチ、山口夫妻は魯山人邸の茶室に入居、山口にとっては戦後間もないころの川喜多邸に次ぐ鎌倉での生活が再開した。四八年「わが生涯のかゞやける日」で映画に復帰した山口には、その後出演依頼があいつぎ、五〇年にはアメリカ旅行の招待を受けた。この旅行で映画「東は東」出演が決まり、ブロードウェイ・ミュージカル「シャングリラ」のオーディションに合格するなど国際女優としてスタートする基盤が作られた。

ニューヨークのファッションショーの会場で石垣栄太郎、綾子夫妻からイサム・ノグチを紹介される。「戦争の時は辛かったでしょう」という最初の一言が、山口の心に強烈な印象を与えた。一年ほどの交際の後、画家の梅原龍三郎夫妻の媒酌で結婚。直後に鎌倉の生活が始まった。

◇

「イサムさんは山を切り取り、アトリエを作った。周囲は田んぼと雑木林の田園風景だった。私は魯山人の下で陶芸に打ち込むイサムさんの生活に組み込まれていった。でも私は朝五時には東宝から迎えの車が来て、東京の撮影所まで行かねばならなかった。魯山人の個性、厳しさについてはいろいろ言われているが、人間的な深みを感じさせる魅力がある方だった。お風呂から上がると七秒のうちにお手伝いさんがさっと冷えたビールとおつまみを出す。そのタイミングが大事であった。湯上りの体のほてり、冷たいビールの泡、新鮮な地魚のさしみ……料理哲学を自ら実践していた。でもお手伝いさんは魯山人の厳しさについていけず、あいついで代わっていった」

「私には本当にやさしくしてくださった。三〇センチ×五〇センチほどの木の板をつるしてコンコンとたたく。離れたところにある母屋からの『料理ができたから食べにいらっしゃい』という合図であった。いい食材がはいったと喜んでいた」

山口は五六年、イサム・ノグチと協議離婚。東宝の「東京の休日」を最後に映画界から引退し、外交官大鷹弘と再婚。テレビキャスター、参議院議員など新境地で活躍した。魯山人は五九年、入院先の横浜市大病院で肝硬変で死去。鎌倉の生活は日ごとに遠い存在となってきた。

◇

「どーんと床の間にいけられた桜の太い枝、住まいの前のひなびた田んぼ、魯山人邸を外部からへだてる切り通しの臥龍峡」。鎌倉というと、山口はこうした光景を思い起こす。

「鎌倉は本当に美しいところだった」

山口の述懐には生活を彩る自然だけではなく、世界に羽ばたく山口の自由奔放な日々への賛歌が込められているように思えた。

（新規収録）

◆星岡窯と魯山人

魯山人は寝てもさめても美味いもの、美食を希求し続けた天性の美食家であった。多大なエネルギーと美的感覚をとぎすまして、自ら美味いものを求め、作り、器に盛り、食し、ひとに供した。器も既製品ではあきたらず、料理に合うように、土を求め、多種多様な造形に作り上げる。魯山人主宰の「星岡茶寮」（東京・永田町）では、十分に吟味されたさまざまな料理が供され、その大胆な器とのとり合わせには、魯山人の他の多彩な芸術作品にみられるような、高い格調と繊細な配慮、独特の料理美学がうかがわれる。（別冊「太陽」魯山人味道―星岡茶寮の四季より）

アカデミアの青春

戦時の抑圧脱した若者◆自由求め古刹に集う

戦後、先進的な学者や文士たちが古刹光明寺に結集して、鎌倉大学校（のちにアカデミアと改称）を創設した。文化や産業の人材養成を図る自由な大学としてスタートしたが、財政難に直面、わずか四年半で廃校となった。だがアカデミアの精神は理想の教育の原点として語り継がれている。

◇

演劇科第一期生の劇作家・津上忠（78）は戦時中、長崎で教員となったが、肺結核を患い、父の郷里である平戸島（長崎県）で療養していた。

「たまたま父親の友人の陸軍法務官の家で見かけた『日本資本主義発達史講座』やベーベルの『婦人論』などを読んで、戦争に対する疑問をもった。終戦となって演劇をやろうと思いたち、鎌大の学校案内を取り寄せた。『資本主義発達史』執筆者の一人服部之総、ボグヘン『百万人の数学』を翻訳した今野武雄、後に校長になる哲学の三枝博音、演技術は千田是也、遠藤慎吾らそうそうたる教授・講師陣の顔ぶれに魅かれた」

津上が語る「青春の足跡」である。

敗戦後まもない一九四五年（昭和二十年）晩秋、画家・音楽家・演劇人などからなる鎌倉文化会が中心となって、「新しい大学」を作ろうという機運が盛り上がった。準備委員の一人が所有する鎌倉山の三万坪の土地を寄付するという話もあり、資金のメドもつかないままに、材木座の光明寺を仮校舎として、四六年五月に開校が決まった。産業科、文学科各百人、演劇科五十人でのスタートだった。

現在の光明寺総門＊

「先生がたの講義は、乾いた砂地に水がばーっとしみ入って広がっていく感じだった。文学科で川端康成や高見順の講義があると、演劇科や産業科の連中も授業を抜けて聞きにきた。近代文学の片岡良一、短歌の吉野秀雄の時も同じだった。しかし左翼の先生が集まっているとして、GHQも目を光らせ、圧力をかけてきた。鎌倉山に新校舎を作る話も途絶え、財政圧迫で開校半年後には、自主経営に追い込まれた」

◇

演劇科では村山知義が関係する新劇

光明寺で英語の授業を受ける学生たち　鎌倉市中央図書館提供

の舞台稽古を見た。邦正美のモダンダンスの訓練も取り入れられた。学生たちはグループを作って芝居の稽古を始めた。ベニヤ板で仕切られた開山堂で講義を受ける若い男女は、戦争の抑圧から解放され、人間らしく生きる道をもとめた。二年間の光明寺時代の後、四八年に大船の海軍燃料廠跡の建物に移った。

「学費が続かなくなり、教員に戻って働きながら鎌倉に通った。アカデミアで三年過ごしたあと、同級生の今泉隆雄（のちの作曲家いずみたく）とともに演出家土方与志が主宰する中央演劇学校（のち舞台芸術院に合併）に移り、俳優訓練に汗を流した」

理想と現実のはざまで津上の心も揺れ動いた。だが財政基盤は一段と悪化し、五〇年九月遂に廃校となった。

「アカデミアがなければ今の僕はない。自由な討論ができたことも実になった。先生とはマンツーマンの付き合いで、大学というより寺小屋か塾だが、講義はハイレベル。『戦争中にいえなかったことがいえる』というのが底流にあったと思う。書けない、話せないという不満が、戦後いっせいに開花して、若い私たちの成長に期待していた」

七六年には市民アカデミアの講座がスタート。鎌倉アカデミアの精神は時代を超えて引き継がれ、知的好奇心は鎌倉の無形の資産となった。

（二〇〇二年八月三〇日）

◆市民アカデミア

鎌倉・市民アカデミアは、生涯学習の場として始まった。春秋二期にわたりゼミナール形式での対話学習をめざす。発起人の一人中村尚美・早稲田大学名誉教授は「気持ちの上では鎌倉アカデミアの志を受け継いでいる。ただアカデミアの時代とは社会状況、時代、市民たちの状況も大きく変ってきたので、新たな対応も迫られている」と語る。二〇〇二年度秋の講座では、中村廣次郎・桜美林大学教授の「原理主義とイスラム」、中村教授の「渋沢栄一─日本資本主義の基礎づくり」など九講座を行った。「運営委員からしてまったくのボランティアでやっている。講義の中身はハイレベルで、カルチャーセンターと少し違って、年配者を中心に知識人が中心だった」と中村教授はいう。

第二部◇生活の革命⑮

キリシタンのぬくもり

混血児の魂の故郷◆エリザベス・サンダース・ホーム

湘南の海に戦後の歴史を刻む社会福祉法人「エリザベス・サンダース・ホーム」は、占領期の混乱の中で生まれた混血児たちの魂の故郷であった。逆境の子供たちは、創設者・澤田美喜の深い人間愛にはぐくまれ巣立っていった。

◇

「ママちゃまは九州の島々を回って、隠れキリシタンの子孫が保存していたキリスト教崇拝の遺物を収集してきた。毛皮のコートを着ていたのに、帰りにはなくなっていた。誰にも言わなかったが、おそらく買い叩かれるのを承知で換金したのではないか」

長男の澤田信一（ホーム理事長）は、母の隠れキリシタンへの深い思いを語る。

外交官夫人としてロンドンに滞在中、澤田美喜は郊外の孤児院「ドクター・バナードス・ホーム」を訪ね、心を揺り動かされた。そして敗戦。三菱財閥を担う岩崎家の長女は、血のにじむ思いで寄付金集めに奔走し、残りを借入金に頼って、財閥解体で没収された大磯の別荘を買い戻し、英国聖公会信徒エリザベス・サンダースが遺した百七十ドル（当時六万千二百円）を基金として一九四八年（昭和二十三年）、混血児施設を設立した。

記念館のキリシタン遺物＊

澤田美喜さん
鯛茂氏撮影

記念館に収蔵されているキリシタンの遺物は八百四十六点にのぼり、太陽の強い光を当てるとキリスト像が浮き出る銅鏡や、内部に十字架を忍ばせた仏像など禁教の時代の信仰の苦難を物語る。澤田美喜にとっては混血児救済で苦難に直面した時の励ましであり希望であった。

聖ステパノ学園小中学校があいついで開校され、一貫教育体制も整った。

「ママちゃまは『正面を向きなさい。下を向くからいじめられる』としつけに厳しかった。逆境の子供たちは、『なぜ親に捨てられたのか』『なぜ自分だけが過酷な運命なのか』と恨むかも知れない。人間としての尊厳と生きる上で何が一番大事なのかを教えられた」

卒業生の一人ピアノ調教師アンジェロの思い出だ。学園の軽音楽バンド「ステパノ・オクテット」には、ボーイソプラノのアンジェロも加わり、人生の重要な分岐点となった。

「中学三年の時に来日した米国人ジャズシンガーで『スキャットの女王』エラ・フィッツジェラルドの前で演奏することになった。変声期の私は『監獄ロック』を歌い、間奏にスキャットをやった。演奏の後、エラは私を養子にほしいと言い出した。私は天にも舞い上がりたいような気持ちだった」

だがアンジェロの夢は幻に終わった。そのころ澤田美喜は、ブラジルのアマゾン川流域の新天地に、ホームの子供たちを送り込む計画を進めており、アンジェロもエンジニアとして参加することになっていた。エラの養子になることをあきらめたアンジェロは自立の道を選び、大学を中退して百貨店などで働いた。だが、音楽への夢を断ち切れず、結婚を機にピアノ調律師として独立する。

◇

澤田美喜は八〇年、旅先のマジョルカ島で急死。施設も様変わりした。園長の藤村美津は「混血児に代わり、家庭内暴力や、母親が不法滞在で強制送還されたり、問題が解決に至らず不安定な状態の子供たち、貧困、育児放棄から保護された子供たちが増えている」という。

「時は流れていろいろな形、考え方、時代にあったものが生まれる。だがここには『今』につながる何かがある」

明日のエリザベス・サンダース・ホームに送るアンジェロの熱いエールである。

（二〇〇二年四月五日）

仲間と演奏するアンジェロさん（中央右側）
（1957年ごろ）　影山智洋氏提供

◆澤田語録

「列車の網棚から何か新聞紙に包んだものが落ちてきた。無残な運命の子の死体だった。周囲の人は怪訝そうに見つめ、目は私を詰問していた。私が死児の母親でどこかへ捨てに行くところなのだろうと思われた。ひとつの啓示が聞こえた。『死児の母と思われたのなら、いっそのこと私を必要とする子供たちの母になれ』と」

「占領の落とし子として生まれた子供たちのことに触れるのは、勝利を誇る進駐軍にとって、最も触れられたくないところ。澤田は混血児を集め、反米をあおり、左翼や共産党にその材料を提供しているともいわれた」（日本経済新聞社刊「私の履歴書」より）

第二部◇生活の革命⑯

甲子園の栄光

裸野球で無欲の全国制覇◆栄養補給はヘビご飯

受験校で知られる神奈川立湘南高校の野球部が全国制覇した。戦後の混乱の中から野球に楽しみを求めた少年たち。勝つことよりも甲子園に行くことを夢に見た時代の健康な情熱が躍動していた。

◇

「鵠沼海岸（藤沢）の裸野球。海の家なんてまばらな時代。平らでスペースも十分にあった。海水パンツだけで、みなはだし。新品のグラブなんて、食べていくだけで精一杯の当時としては夢の夢。親父が中古をさがしてきてくれたのだと思う」

スポーツキャスター佐々木信也(69)の少年の日の思い出は、潮風に吹かれての裸野球であった。父久男が慶応の野球部に在籍していたことがあり、兄は旧制湘南中学（現湘南高校）の野球部創設者の一人で、身近に野球に接していた。兄に続いて進学した湘南中学は、学制切り替えの時期で、一九四九年（昭和二十四年）に中学三年で新制の湘南高校第一期生となった。

「湘南中学進学と同時に野球部に入った。夏は裸野球で走り回った時代である。戦後定職もなく、野球だけは続けていた父が、指導者としての才能を見出されたのか。気がついたら野球部の監督をしていた。兄もショートとして活躍、親子二代三人で汗を流した」

当時から湘南高校は受験校として知られ、あくまでも勉強第一。午後四時に授業終了後、日没まで二時間たらずの練習であった。練習が辛いという記憶はない。県内ではベスト4に入るぐらいの力はあったが、甲子園にいくなどとは考えてもいなかった。だが佐々木が高校一年の昭和二十四年、県大会で優勝して、甲子園行きが決まった。

「僕は身長百六十五センチ、体重五十七キロ、今で言えば中学二年生ぐらいで、半ば栄養失調の状態。栄養補給のため、甲子園に行く前の合宿のときに、生きたヘビを釜に入れてご飯を炊いたらしい。後になってマネージャーから聞かされたのだが、蓋に小さな穴を開けておくと、苦し紛れに頭を出す。炊き上がると頭を引っ張ってぎゅーっと引き抜く。すると骨だけ取れて実がばらばらとご飯に混ざる。それを食べさせられていた」

◇

いよいよ甲子園。暑苦しくて狭い旅館に嫌気がさしていたところ、マネージャーが奔走して、球場内の大広間を確保した。球場の食事もうまい。佐々木は七番レフト。「おまけと思って、気楽にいこうや」という監督の言葉で、みなリラックスした。二回戦、準決勝と無欲の勝利だった。そして決勝戦で岐阜高校と対戦することになった。

甲子園に出かける信也少年を気遣う家族(1949年)
佐々木信也氏提供

「こちらは修学旅行の気分だった。三回終わって3対0で負けていた。四回僕の二塁打でまず1点。六回ノーヒットで2点、3対3の同点で八回表を迎えた。ノーアウト一塁でまた僕に回ってきた。常識的にはバンドだが、監督の指示は『打て』。センター前ヒットでチャンスが広がり、この回2点をとり優勝を決めた。のりにのる私を見て打たせた監督の父は、立派な心理学者だと思った」

あれから五十年、優勝が決まってから二十四時間の記憶はまったくない。藤沢駅前から学校までの凱旋行進や提灯行列も記憶はあいまいである。「ボールがバットにあたった時の感触や手のしびれなどはっきりしているのに、その他のことは……。人間の記憶なんていい加減なものでね」と佐々木は首をすくめた。湘南高校はその後、二度選抜に出場したが、甲子園の夏はそれで終わった。

(二〇〇二年一〇月二五日)

◆楽しむ野球

戦前の大会は文部省主催で、金を使う風潮を考え直そうと統制令を出した。このため、地方の新聞社主催など小規模の大会は消えていった。佐伯達夫は終戦の八月十五日にすでに復活に向けての決意を固めたとされる。戦後は最初から民間主導となり、朝日新聞、毎日新聞が主導権を握った。ただ戦後復活直後には一時的に野球を楽しもうという風潮が強まり、阿久悠の「瀬戸内野球少年団」や井上ひさしの「下駄の上のたまご」などに人気が集まった。湘南高校の全国制覇は、全国的に広まった「楽しむ野球」の流れを象徴している。(吉川弘文館「甲子園野球と日本人」著者、有山輝雄・東京経済大教授=談)

第二部◇生活の革命⑰

映画人の反骨

吉村公三郎の教訓◆自由な家風、子孫に残す

「女を描いては当代随一」といわれた吉村公三郎は、高揚した「映画の時代」を走り抜けていった映画監督である。「食道楽」の巨漢は家庭にあっては、息子たちに感性豊かな思い出を残していった。元NHK解説委員の吉村秀實(61)が描く父親像は、権威に縛られない自由な映画人の生き方を浮き彫りにした。

◇

「夫婦が死んだ息子のことを回想する『嫉妬』(四九年)のシーンであった。主演の高峰三枝子が仏壇の幼児の写真を振り返って、『この子が生きていたら』と語る。その写真というのは僕の幼児のときのものであった。『縁起でもないから、他人の子の写真なんて使えない』といって、自分の子の写真をつかったのだ」

一九二九年(昭和四年)島津保次郎監督の助手として映画界入りした。戦時中は情報部員としてタイに行き、捕虜になった。一時は絶望視されたが、戦後突然に復員してきて、大船撮影所で松竹路線の作品を手がけた。「嫉妬」もその一つであった。

「旧制中学時代(大垣中学)けしからん教師がいるといってストライキ。裏切った仲間に鉄拳制裁し、放校された。父は若い頃から筋金入りの反骨精神の持ち主であった。絶対会社の言いなりなんかにはならないという主義で、つねにもめた。脚本家の新藤兼人と組んだ作品が多かったが、会社を辞めて二人で独立プロダクション(近代映画協会)をはじめて作った。本数契約だったので、どんなに売れている時でも一年半で一本のペースを守っていた」

独立した五〇年、大船撮影所に近い逗子に住み始めた。新藤をはじめ脚本家の山内久、俳優の殿山泰司、それに鎌倉には監督の小津安二郎らも住んでおり、湘南は映画人の生活拠点となっていた。戦前の「暖流」、戦後の「安城家の舞踏会」「わが生涯のかゞやける日」など、大船調ともいえる島津監督譲りの鋭い映像感覚を駆使した代表作が生まれた。「夜の川」でミス日本の山本富士子を主役に抜擢したこともある。

◇

「逗子小学校三年のときだった。私は好きな絵を習っていて、鎌倉で文士の大人たちに混じってヌードデッサン

に参加する機会があった。親父も絵が好きだったが、色覚の障害であきらめただけあって、『それはよかったなあ』とうらやましそうだった。二年ほどたってデッサンがばれて学校の女教師に呼ばれ、『そんな不潔なものを描いてはいけない』と怒られた。侍従武官の娘で格式の中で育てられた母が、このときは色めきたって学校に押しかけ、『何が不潔なんですか』と先生に食ってかかった」

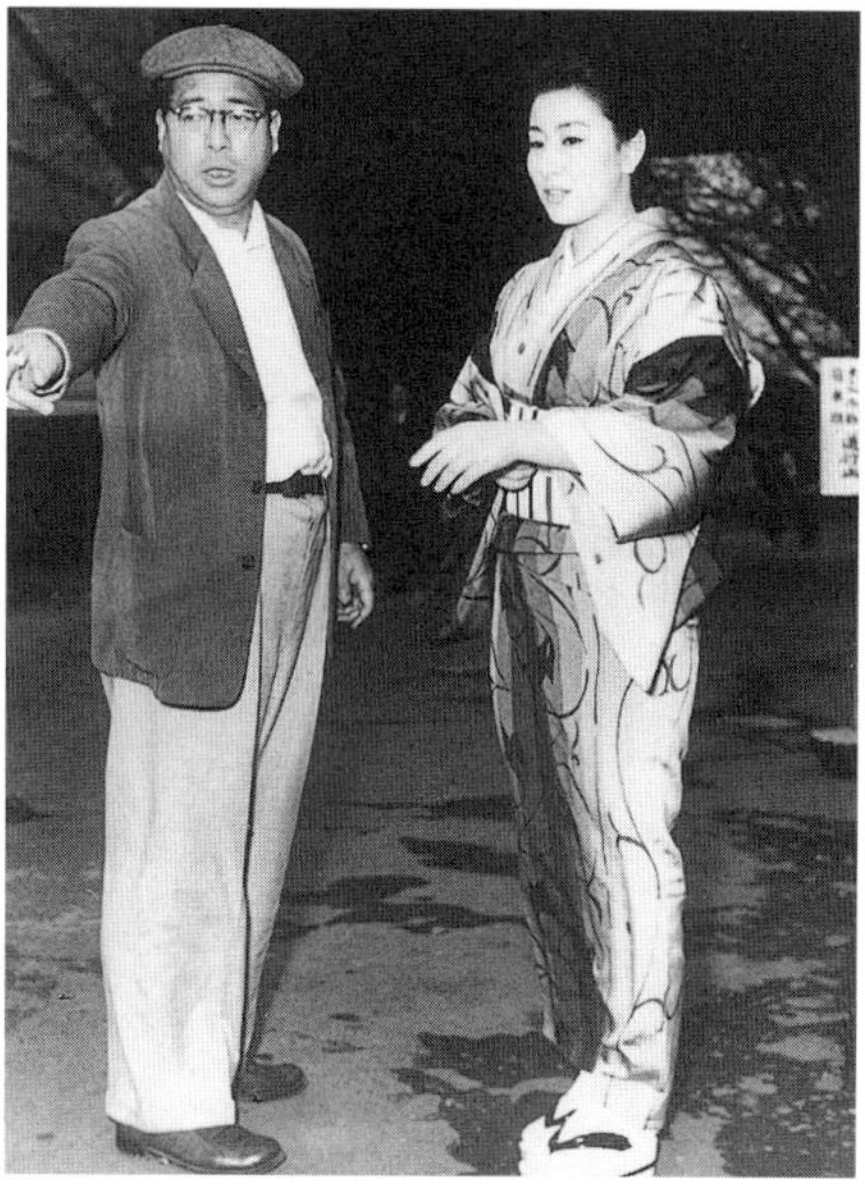

山本富士子さんに演技指導する吉村公三郎監督（1956年）
吉村秀實氏提供

自由と反骨の家風を育てた逗子時代の父母の肖像を秀實は、懐かしく思い起こしている。

◇

新聞社や放送局には有名人の死亡記事を事前に用意しておく慣習がある。NHK解説委員時代の秀實はある日、父親の死亡記事の執筆を依頼される。

「『女を描いては当代随一といわれた映画監督の吉村公三郎さんが亡くなりました』と書いて、『マスコミではこんなことをやるんだよ』と親父に見せた。添削しながら『女で当代随一というのは会社の宣伝文句で気になるな』といってはいたが、まんざらでない様子であった」

吉村公三郎が死んだのは、死亡記事を書いてから五年後の二〇〇〇年（平成十二年）秋。秀實の描いた原稿はそのまま放送された。「本人が納得した死亡記事が放送されるなんて……」と秀實は豪快に笑った。

（二〇〇二年一二月六日）

◆近代映画協会

松竹は（新藤兼人がシナリオを用意した）『肉体の盛装』に待ったをかけた。芸者の古い世界は受けないという理由。吉村さんが散歩がてらにやってきて、縁側ではなしあっているうちに「松竹をやめよう」となった。一大決心だったにちがいない。五〇年三月、独立プロダクション「近代映画協会」を創立した。松竹京都のプロデューサー絲屋寿雄、山田典吾、俳優の殿山泰司、吉村に新藤の五人で代表に絲屋がなった。自由を求めて出たものの、自由の風は意外に冷たかった。やっと大映がのってきて、「肉体の盛装」は「偽れる盛装」として撮影に入ることができた。（「映画は枠だ」の新藤兼人「吉村公三郎という監督」より）

第二部◇生活の革命⑱

消えた「いさば」

日本一の遠洋マグロ基地◆変革の波に翻弄される

三崎港は日本一の遠洋マグロ漁業基地として名前をはせた。だが活気に満ちた港の風景は一転して、今はブランド名の「三崎」にわずかに活路を見出そうとしている。変化の波にマグロ基地はどう対応しようとしているのか。

◇

三崎では魚市場を「いさば」と呼んだ。「磯辺（いそべ）」、「餌場（えさば）」が訛ったのか、魚を商うなりわいを「五十集」と書いて「いさば」と読ませたのか（田山準一「マグロに憑かれた男たち」）。

「又兵衛魚問屋」代表取締役久野隆作（66）（前三浦市長）は「いさばには荷主、荷受、問屋、仲買がいて魚を取引した。父の又兵衛はいさばを愛し、いさばに命を賭けた」と熱血魚商の思い出を語る。

「終戦後、大手の水産会社が生まれ、三崎に進出してきた。江田島で育った人たちが水産大学などを受けなおして、就職してきた。七つボタンが中核となった。大手のマグロ漁業基地となって、世界の遠洋漁業のヒト、モノ、カネ情報が全部集結した。三崎は昭和二〇年代、三〇年代に最盛期を迎えた。造船、鉄鋼、電気、船具、船舶食料品屋、油屋が繁盛し、料亭、仕出し屋、旅館、下宿も栄えた。バーは繁盛し、船員の健康診断で医院もにぎわった。マグロ船の幹部と結婚して家を新築するのが、娘たちの夢となった」

◇

久野は一九五九年（昭和三十四年）に大学を出た後、長靴を履いてたる洗いをし、マグロを詰めた木箱を大声をあげながらかついだ。そんな「いさば」の日々を久野ははっきりと覚えている。

最盛期の三崎には、全国からマグロ船がやってきた。全国の水産高校の卒業生が集まり、船員組合の組織労働力はピーク時で八千人に達した。

「私の会社は回船問屋の仕事が主であった。県外の船が入ると船頭、船長、機関長、船員を世話した。出航に備えて仕立て屋の仕事もした。マグロの漁獲量が増えると氷の需要が増し、小田原、熊谷あたりまで手配し、氷の取り合いとなった。夜明け前から水揚げ、朝一番の売り買い、出荷と仕事は休みなく続いた。幡随院長兵衛（江戸初期の侠客）のようにかけずり回ったものだよ」

　だが冷凍技術が発達して、「いさば」の活気も様変わりした。漁獲量が激減したのと合わせて、マグロ船は大型化し、インド洋、大西洋と世界の海に進出していった。七〇年ごろから超低冷温のマグロ船が増え、鮮魚の時代は終わった。マグロ漁は構造変革の波に洗われた。

「古い問屋制度は通用しなくなり、情報流通に存命を賭けた。世の中がオイルショックで揺れる七三年、私は冷凍マグロのまとめ売りに活路を見出そうとした。テレビのバラエティ番組では『悪いやつがいる。米に続いてマグロの買占めを図っている』と揶揄された。袋叩きだった」

　やがて本格的な冷凍化時代に入り、各漁港では一船買いが定着した。鮮魚を扱うなごりを残した「いさば」という言葉は消えていった。

　八五年以降、市長を四期つとめた久野は、「いさば」の活気を取り戻そうと、魚を素材としたグルメ嗜好を取り入れた、総合海浜開発構想に取り組んだ。その「海業」がようやく実を結び、観光客も少しずつ三崎に戻りつつあるようだ。かすかに希望の灯がともされた。

（二〇〇二年一一月一五日）

活気あふれる最盛期のいさば(1960年代)『丸魚20年史』より

◆ビキニ事件と三崎
　一九五四年（昭和二十九年）三月一日、ビキニ環礁でのアメリカの水爆実験により、マグロ基地三崎も激震に見舞われた。放射能汚染でマグロの人気はがた落ち。入札の済んだ十貫、二十貫の大マグロが頭を並べて、放射能検査印を押されてずらりと横たわっている。マグロの値段は平常の三割から五割大暴落した。三月末に三崎に入港した第一三光栄丸の船体から放射能が検出され、再び船足も重く出港して、野島崎（南房総）沖に一万貫のマグロを投棄した。船主の中には創業不能となるものも現れ、漁商も十軒ばかり倒産のやむなきに至った。（三浦市「ビキニ事件三浦の記録」より）

第二部◇生活の革命⑲

豆腐屋の朝

せせらぎのほとりで四十年◆後継者問題の悩み深く

小さな豆腐屋である。鎌倉山のふもとのせせらぎのほとり。夫婦二人で豆腐を作っている。初代は江戸末期。後継者はいない。「われわれの代で終わりだよ」と郷原正孝(59)はあっけらかんと笑った。

◇

「とうふ」と書いた青い旗が目印で客はふと足を止める。散歩の途中の主婦や、遠くから郷原の豆腐目当てにやってくる老人もいる。自動車通りを一歩入った住宅街のはずれで、鎌倉山の坂道をエンジンの音を高めてのぼっていくモノレールが静けさを破る。この土地で四十年間、毎日三時、四時の早朝から豆腐作りで一家を支えてきた。

大豆を水に入れてふやかす。くだく。煮る。しぼる。固める。圧搾して船（箱型の容器）にあける。どこの豆腐屋も同じ工程だが、ほどよい空気の混ざり具合。うまさのコツは「わからない」。ぶっきらぼうである。

「ブラインダーで大豆をつぶす。豆腐屋はどこも使っている。どのくらい時間をかけるかは長年の勘。あまり細かくやるとねえ」

無意識の技が味を出しているのかも知れない。

父親の手助けをしながら、一九六一年（昭和三十六年）十八歳のときに見よう見まねで豆腐作りにかかわった。父親は桶でかついで「トーフトーフ」と鎌倉山界隈を売って歩いた。少なくとも鎌倉市内では過去の光景となった。

浜松の小間物卸商の娘・允子と見合い結婚。父親が七十歳を越して現役の仕事ができなくなった後、夫婦二人で豆腐を作るようになってから二十年。

中腰で仕事をするため、職業病ともいえる腰痛に時々悩まされながらも二人だけの味を守ってきた。

「主婦の仕事もあるので朝は遅いが、それでも五時には出てきて一緒にやっている。月に二回の法華経の御題目講授で出かけるのが数少ない気分転換

豆腐作りに熱中する郷原正孝さん＊

なのだろう」

　そばで妻がポツリと口を挟んだ。

「朝が弱いのでたいへんだった。今では豆腐を包むシールが開発されて楽になったが、前は一丁一丁手仕事で包んだ。これが私のおもな仕事だった」

　伝統の豆腐業界には一種独特の肌仕込みの教えが代々のこっているようだ。

「親父は何も教えてくれなかった。仲間も親父がぜんぜん教えてくれない、やらしてくれないとよくぼやいていた。配達ばかりだという。最後に固めるのが大変である。何の仕事でも同じだろうが、最後の勘所は教えてくれないし、やらしてくれない」

古い家屋を利用した店鋪兼作業場＊

◇

　今鎌倉には豆腐屋は十五軒。江戸時代に四代前の先祖が農地を手放すことになり、豆腐を作るようになったという郷原の店は最古参である。二十年間にわたって休日には近くの小学校で少年野球のコーチをしてきた。毎日の晩酌と並んで数少ない骨休みとなる。

　また休日には時々妻と一緒に三浦三崎までマグロの朝市に出かける。

「朝方の仕事に慣れているので、八時からの野球の前にドライブしてくる。少しも辛いとは思わない。いいレクレーションですよ」と郷原は笑った。

　個人経営では後継者の問題が一番大きい。神奈川県も不安を強め、後継者育成について具体的に議論し始めた。

「県内では毎月二、三軒ずつ豆腐屋が姿を消している。どの商売でも同じだろうが、私のところのような小売りの豆腐生産はもう終わりかな」

　郷原はちょっぴり淋しそうであった。

（二〇〇二年一二月一九日）

◆鎌倉豆腐商業協同組合
　一九〇〇年（明治三十三年）、神奈川県内では最古の組合が設立され、戦時中には存在を示した。原料の大豆、油、苦汁なども物資統制の対象となったが、神奈川県の組合連合会に入り、原料配給を受けた。だが配給だけでは十分な営業ができないので、闇の大豆を見つけては業者仲間にわけたと当時の組合員は回顧している。配給だけでは自由に豆腐を作れなくなり、隣組単位で各家庭の人数に応じて直接豆腐を配給したこともあった。物資不足が深刻化した終戦後は、「運び屋」が農家から大豆を運んできて、休業状態だった組合員も闇豆腐を作り始めた。昭和末期から平成にかけて製品の安売り、大型店出店、おから対策など組合として取り組まねばならない問題が続出してきた。（鎌倉豆腐商業協同組合「一〇〇周年記念誌」二〇〇〇年より）

軍国の鉄路――横須賀線

軍用線から通勤線へ◆古都との融合模索

一八八九年（明治二十二年）生まれ（大船～横須賀間で開通）の横須賀線は、湘南が避暑地から住宅地へと変わる二十世紀をまるまる走り通してきた。軍港横須賀を控え、軍事利用され、戦後はベッドタウンとして沿線の変貌を促してきた。

◇

「日の色に染まっている蜜柑が凡そ五つ六つ、汽車を見送った子供たちの上へ……」

海軍機関学校英語教官として鎌倉から横須賀への通勤を題材に芥川龍之介は「蜜柑」を発表した。横須賀線は文学作品にもなじみの点景である。

「祖父は逗子海岸に別荘を持っていた。だが祖父の考えで息子たちは電車も三等（一等車は展望車、二等車は今のグリーン車）。駅からは祖父の乗った人力車を必死に追いかけて走ったという。私たちは小学校に入る前から逗子や鎌倉で一軒家を借りて夏を過ごした。横須賀線はエビ茶色でかまぼこの形をしていた」

横須賀線ファンである資生堂名誉会長福原義春(71)は、思い出を語る。敷設のころは首都防衛のため横須賀に軍用物資、人員を運んだ。日清、日露、日中戦争、そして太平洋戦争と、三浦半島の動脈であった。葉山に御用邸ができると、玄関口の逗子には御召列車が停車。横須賀線は、天皇家とも密接につながる。

御用邸への途路、逗子駅に到着した昭和天皇、皇后両陛下（1963年）中島写真店提供

明治、大正、昭和にかけての蒸気機関車、電気機関車の時代を経て、一九

三〇年（昭和五年）に電車化され、クロスシートのモハ32系が投入された。終戦後には車体に白い帯がついた進駐軍専用車が走った。やがてクリームにブルーという「スカ線カラー」の70系、113系、さらにE217系に統一された。

福原は六三年、東京オリンピックに備えた道路工事のため、東京から逗子に移り住んだ。「水がうまく、空気がきれいだった」という。子供のころから慣れ親しんだ土地で、横須賀線は通勤電車となった。

「逗子からは二等車で一人か二人しかいなかったが、鎌倉では常連客がボックス席を三人、四人と占め、あたかも指定車。私はよそ者のように思えて小さくなっていた」

◇

逗子に越した年に鶴見事故があった。その後棚に置かれた荷物が爆発して、死傷者を出すなど、横須賀線も世相を反映して厳しくなった。七〇年代に逗子に団地ができ始めると、のどかな光景は急に変わってきた。グリーン車

「通勤客が我先にと走って座席を取ろうとする。ウォークマンの音がうるさいといって喧嘩も耐えなかった。今は若い女性が目立つ。通勤電車は社会の変貌を映す鏡である。新橋まで約一時間、昔は本や新聞を読んだが、そのうち会社に着いてからの手順をいろいろ考えた。今はうとうとしているうちに着いてしまう」

◇

軍用路線ということで、無理がまかり通った時代の落とし子だったが、円覚寺（北鎌倉）境内を分断、建長寺敷地を突っ切るなど歴史保全の立場からは問題を残した。鎌倉ではメーンストリート若宮大路を横断し、段葛が寸断された。工事で道路が掘り下げられ、ガード付近が水浸しになったこともある。

「段葛の上を電車が横切るというのは、景観上はマイナス。いずれ長期構想として線路を地下にする話も出てくるだろう」と前鎌倉市長の竹内謙はいう。新しい時代の横須賀線は地域住民や観光客の足として利用されるだけではなく、地域環境ともからんで変わろうとしている。

（二〇〇二年七月五日）

◆戦争と横須賀線

軍用のためということで、東海道線の費用を流用し、開設された横須賀線には、国家的話題が少なくない。横須賀の重砲は、この線路を通り、日露戦争で使われ、軍事物資が動いた。実業家や将校が鎌倉や逗子に別荘を作り、作家や画家も訪れた。南に兵を送った道を、アジア共栄圏のため日本へ来て働いていた若者たちが敗戦とともに帰り、そして南方からの復員兵が郷里へと急いだ。戦後白線車（進駐軍専用）が幅をきかした。今は成田エクスプレスが通り、栃木、群馬などともつながっている。一九九〇年に沿線マニアの手で「横須賀線百年」が刊行された。（鎌倉商工会議所常議員・高柳英麿氏＝談）

大漁祈願

マグロ漁港の景気反映◆海から陸へと移る作業

漁船が新しくできると大漁を祝い、何本も旗を風になびかせて出航する。遠洋漁業基地三崎港の懐かしい光景であった。最盛期の面影こそなくなったが、大漁旗を染める職人が今も三崎でひっそりと伝統を守っていた。

「数百年前に三崎十人衆の中に先祖の三富実右衛門という名前があった。武士であった」という筋金入りの染色職人で現在の当主、三富實仁(59)は分かっているだけで六代目。「三崎十人衆」の発見は視野を広げた。地元高校を卒業後、見よう見まねで「何も教えてくれないおとなしい」父の職人技を覚えた。一九六三年（昭和三十八年）仕事を始めてから四十年になる。伝統は歴史。つねに自分のいる座標を意識しながら仕事を続けてきた。

「実右衛門と書いて『げにえもん』と呼ぶらしい。油壺（三浦市）の城が北条一族に滅ぼされたとき、城主の子供を連れて城ヶ島に落ち延びた。子供が死んだとき、松の木を植えた。その木が昭和のはじめまで残っていた。知人が家を建てた時、敷地に土が盛り上がっているところがあったので、島の寺の住職に聞いたところ、『三富の先祖が植えた松の跡』といわれたらしい。実右衛門松といって漁の目標にされていたという」

ルーツ探しの時代はぐっと新しくなった。最近横須賀の博物館で偶然古文書がみつかった。

「嘉永六年の古文書だった。先祖は幕府の御用商人となっていたようだ。多分藍染の半纏とか、のぼりの染物をしていたのであろう。特定の職人には税金が免除されていたらしい。ところが浦賀の奉行所から税金支払い通知が届く。そこで税金免除のいきさつを具申しようとしたらしく、古文書には名前、年号、場所などが記されていた。これは現在住んでいるところであった」

◇

伝統職人の家では、長男が跡を継ぐのが当たり前とされていた。下絵は妻が描く。完全な家内職である。

「まず白い布に下絵を描き、糊を塗る。乾燥した糊の上を刷毛で一つ一つ染めていく。糊は色が染み出ない役割を果たす。水につけた時に色がにじみ出ないように色止め。乾いたら水につけると糊がふやけて落ちてくる。裏から見ても色がついているように染まってくる。決まりはないが、大漁旗はおめでたい絵柄だ。船が一隻進水すると十本、二十本と注文が来た。一つ一つ絵柄の違う大漁旗を作らねばならなかった」

三崎港の景気を反映して大漁旗の注文も様変わりして来た。好景気の時代は新装のマグロ船一隻で百本の注文を受けたこともあるという。今では漁船の大漁旗は全体の仕事の六割程度。代わって原画を見ながら染め上げる仕事が増えてきた。

◇

仕事の対象は海から陸になってきた。九〇年代初め県からの注文で、原画に基づいて「サーフ90」という町起こしのイベントの旗を作った。宇崎竜堂のコンサートのバックに飾るものであった。結婚式会場やバスケットボール大会、サッカーの応援旗なども作った。プロのサッカー選手ロペスがテーマとなったこともある。「嫁募集中」とか、選挙戦用の旗とか、陸になっても種がなくなることはない。

大漁旗の糊付けをする三富實仁さん＊

時代は変わっても心をかきたてるような派手な色に対する愛着は消えない。大正末期の火事で焼けた後に建て替えたという暗く冷たい土間で染色職人の挑戦が続く。今年春大学を卒業したばかりの長男由貴(23)も後継者として實仁の仕事ぶりをじっと眺めていた。

（二〇〇二年一二月一九日）

◆神奈川の伝統産業

神奈川県の伝統産業としては鎌倉彫、小田原漆器、箱根寄木細工の三品が経済産業大臣指定の「伝統的工芸品」に選ばれている。これとは別に、八五年（昭和六十年）十月には「かながわ名産１００選協議会」により名産１００選が選ばれた。長い伝統の中で創意と工夫が重ねられた「匠の技」（工芸品）、地域特有の風土が生み出した「郷土の味」（加工食品）、海と土地の豊な恵みを受けた「海の幸」「山の幸」（農林水産品）など多彩で、大漁旗も１００選のひとつとして選ばれている。湘南では鎌倉彫、江ノ島の貝細工、三崎のまぐろの味噌漬・粕漬、相模湾のひもの、たたみいわし、鎌倉ハム、鯵の押し寿司、三浦のあわび、さざえ、まぐろ、船凍いか、わかめ、ひじき、路地メロン、すいか、かぼちゃ、キャベツ、だいこんなども含まれている。（神奈川県商工労働部工業振興課）

青い目の国会議員

宣教師として来日◆しがらみのない政治めざす

日本初の「青い目の国会議員」ツルネン・マルテイ(62)は、相模湾を見下ろす湯河原をベースとした参議院議員(民主党)である。

「前世は日本人だったのかも知れない」というツルネンは一九六七年、ルーテル教会の宣教師としてフィンランドから日本にやってきた。

「来日当時、東大紛争で新宿で激しいデモを見た。日本の文化、宗教についてはヘルシンキ大学で勉強した。もっと東洋的なイメージを持っていたのだが、西洋と東洋の融合が進んでいるのに驚いた。かといって日本人の家庭に行くと神棚があり、仏壇がある。こうした霊界とのつながりについてもびっくりさせられた。大阪万博も見たが、当時は夢を語り、明るい将来を展望する日本人が多かった」

◇

フィンランドでは社会福祉を学び、やがて別府の児童養護施設指導員として、実践活動にあたった。車で子供たちを病院に運んだり、施設を飛び出した子供を捜したり、親に代わり参観日に学校にも行った。別府で六年間働いた後、来日当時の夢を託すものがあるのではないかと考え、長野県安曇村に移った。宣教師を辞めて収入はゼロ。

日本人の看護婦と結婚し、妻が働き、ツルネンも生活の糧のため翻訳を始めた。フィンランドの出版社に頼まれて井原西鶴、源氏物語など古典文学に取り組んだ。今でもツルネンの翻訳はフィンランドの日本研究のバイブルである。そんな時、電車の窓から見た湯河原の静かなたたずまいが気に入った。八一年のことであった。

「湯河原では安曇村にいたころから始めた英会話学校を再開した。生徒が二百人ぐらいになったこともある。でも英会話で儲けることが目的ではなかったはずだ。もっと日本の社会に役立つことがあるに違いないと考えた。町役場の議員や職員も何人か来ており、議会の仕組みや役場の仕事内容も少しずつ分かってきた。議員になれたらもっと町全体に奉仕できるという気持ちになった」

最初の湯河原町議会は上位当選したが三年半後、参議院に挑戦。以後四回にわたる選挙でいずれも落選した。でもツルネンの気持ちは揺るがなかった。

塾を続けながら講演活動で、全国を回った。

「それによって国全体が見えてきた。参議院議員になれたらもっと社会に奉仕できるのではないかという気持ちであった。神奈川県内の三百十あるＪＲ、私鉄の駅を回り、ひと朝ひと駅で妻とボランティアと一緒に六時から九時までチラシを配った。次第に影響が出始めた。『今度こそがんばってくださいよ』という声に励まされた」

町会議員選に初挑戦するマルテイさん　ツルネン・マルテイ氏提供

そして二〇〇二年繰り上げ当選で、晴れて参議院議員となった。民主党議員として環境委員会、憲法調査会、行政監視委員会に籍をおく。民主党国際局長として、外国の要人に会い、受け入れに奔走する。外国人参政権問題などにも積極的に取り組んだ。

「宣教師として初めて来た当時と気持ちはまったく変らない。どうしたら日本社会をよくできるか。しがらみのない政治を達成するにはどうしたらいいのか」

フィンランドから来た宣教師は、政治に静かな地殻変動を巻き起こそうとしている。

（二〇〇二年一二月二一日）

◆日本人として

来日し、日本に帰化するまでの私は、ラフカディオ・ハーンみたいに一〇〇パーセントの日本人になることを望んでいました。一生懸命努力して、日本人に日本人として見てもらおうと思っていました。

しかし、この一年間の議員生活で、考え方がずいぶん変わりました。日本人と同じ立場の人間にはなれないし、ならなくてもいい。いや、むしろならないほうがいいのかもしれない。一〇〇パーセント日本人の立場で、物事を考えるのは私の役割ではありません。二十六年間、日本で生きてきたガイジンにしか見えない日本のよさと悪さがあるはずです。それを活かすことは私にしかできないことであり、日本のためになることかもしれません。そう考えると、いままでの私の人生が、きちんとつながるようにも思います。

（ルビ・ツルネン・マルテイ「日本人になりたい」祥伝社刊より）

第二部◇生活の革命㉓

素顔の天皇

葉山御用邸炎上◆胸に残る天皇ご一家の思い出

相模湾越しに富士の霊峰を望む皇室の保養地・葉山御用邸は、大正天皇の崩御の地で昭和天皇が皇位を継承された歴史の舞台だ。田中富(78)は「御用邸の町」の町長として昭和、平成にわたる二十八年間、天皇ご一家の素顔に接してきた。

◇

一九七一年(昭和四十六年)一月二十七日夜十時過ぎ、御用邸一階から出火、一時間あまりで約三千七百平方メートルの広大な本邸が完全に焼け落ちた。

「緊急電話を受け、鎌倉からかけつけ、現場で消火を指揮した。千何百本もの松や庭木があったが、風がなかったので、樹木はほとんで燃えなかった。私は木に放水して類焼を防ぐよう命令した」

犯人の自首で放火と分かり、事件は解決したが、御用邸炎上は田中にとって、「一生忘れられないできごと」だった。

「翌朝現場検証すると、謁見の間の椅子もすっかり燃えて跡形もなかった。皇居に入江侍従長を訪ね、お詫びしたところ、『御用邸には昔からヒノキが使われてきた。これは火の木という燃えやすい建材なんだから』と慰められた」

御用邸の再建を祝う天皇ご一家と田中町長(左端)(1981年) 田中富氏提供

二、三日後に御用邸の防火チェックをする矢先の出火だっただけに、田中は「やはり町長には責任があったのではないか」と謙虚に歴史を振り返る。出火直後からの町の努力が実って、政府も再建を決定。十年後の八一年秋、落成式には満艦飾の船が浮び、花火が打ち上げられた。ちょうちん行列には三千人の町民が参加した。

「御用邸がまた出来るとは自分にも確信がなかった。今ここに立っていることが大変うれしく、懐かしい」(「御用邸の町葉山百年の歩み」より)。再建に向けて奔走した田中は、昭和天皇のねぎらいの言葉で胸が熱くなった。

皇太子時代の天皇とは御用邸脇を流れる下山川に出かけ、ヨシやアシの生えた流れに網をかけて何十尾という研究用のハゼを獲ったことがある。

「殿下と二人きりになった時、ハゼの種類を聞かれた。『ダボハゼとハゼの二種類では』と答えたところ、『世界では数百種類』と殿下は大笑いされ、川に落ちそうになられた」

炎上する葉山御用邸（1971年）　読売新聞社提供

◇

御用邸に面した三ヶ岡は両陛下お気に入りの散策コース。皇太子時代のご一家と山道を歩いた時のエピソードを田中は大切に胸に収めている。

「美智子さまが道端の花をご覧になって、『ヤマブキには実がないのですよね』とお聞きになられた。『いや新聞の文芸欄にヤマブキの実の話が載っていたよ』と殿下。納得しない美智子さまはお二人の間にいた私に『太田道灌の歌は、実の一つだになきぞ悲しきですよね』と食い下がられた。自宅の庭を思い出して、私は『黒い実があるはず』と答えた」

ところが数年後、田中は偶然事実を知った。一重の黄色いヤマブキには確かに実がなる。だが八重のヤマブキは花が重弁で、おしべも退化しており、結実しない。道灌の歌も前句は『七重八重花は咲けども』。八重のことを聞かれた美智子さまの指摘は正しく、田中の答えはあやまりだった。九三年に町長を辞めた田中には、お詫びの機会もないいま、ヤマブキ問答は今も心に懐かしい思い出として残っている。

（二〇〇一年七月二七日）

◆葉山御用邸

皇室で用いる別邸で、別荘的要素が強い。明治二十六年に制度として設置が決められ、沼津、日光、葉山に同時期に設置された。戦前には日光の田母沢、塩原・伊香保温泉などにも御用邸がおかれたが、終戦前後に各県に払い下げられたり、廃止されて現存しない。最初に造られた三の御用邸のうち、沼津、日光御用邸は戦後、廃止され、今なお残っているのは葉山御用邸だけ。現在は葉山のほか、那須高原（栃木）に造営された那須御用邸、それに沼津御用邸に代わる南伊豆の下田に昭和四十六年に須崎御用邸が完成した。

（「葉山百年の歩み」より）

第二部◇生活の革命㉔

女たちの革命

批判精神で新たな着想◆女性問題一筋に

戦後復興期に試験採用第一号の女性記者となり、三十年後に神奈川県立かながわ女性センター（江ノ島）初代館長として女性問題一筋に生きる。金森トシエ(77)（鎌倉市在住）にとっては、ジャーナリスト時代の自由な批判精神がさまざまな着想を生む行動の原点であった。

◇

金森が現場の婦人施設を背負って立つきっかけとなったのは、一九七五年国際女性年にメキシコシティーで開かれた世界初の女性会議。百三十三か国代表が集まり、日本からも津田塾大学長の藤田たきが代表として参加していた。読売新聞婦人部記者だった金森にとっては、現地には行かなかったが、初めての女性の国際会議を記事にするうれしい機会であった。

「日本の大新聞には『世界の女の井戸端会議』と紹介する男性記者もいた。女性問題といってもその程度の認識に過ぎなかった。だが十年間の行動計画を作ることになり、各国政府にバトンタッチされた。『平等・発展・平和』という理念に沿って神奈川でも女性行動計画が練られ、新聞社に在籍したままで委員長としていろいろな構想を取りまとめた」

この過程で生まれたのが女性センターであった。当時の神奈川県知事長洲一二から婦人総合センターの構想が出され、県内の女性団体から家庭内暴力の「駆け込み寺」や保育室などいろいろなアイデアが出され、八二年十一月開館。金森にとっては人生のターニングポイントであった。県から声がかかり、新聞社を定年退職、館長として現場で女性問題に直接かかわることにな

江の島に婦人総合センター
11月6日オープン
婦人総合センターのオープンを伝える県報

国際女性映画祭で受賞した山崎博子さんと乾杯する金森さん（1993年）

った。

「それから二十年。もっとも思い出深いのは、神奈川の女性史の刊行。『近代女性史』の講座を毎年開き、女性史研究者や県内の女性学習グループなどの協力で、センター開館五年目に明治、大正、昭和戦前編の『夜明けの航跡』、十年目には戦後編の『共生への航路』刊行と続いた。鶴見和子さんが『地域女性史の金字塔』と評価してくれたのが、今も心の支えである」

「女性映画祭も開催した。男に恋してシンデレラみたいにハッピーエンドになったり、逆に捨てられて泣いたりという映画に対して、欧米では女性の自立をテーマに女性監督が活躍しはじめていた。そうした映画を見て、男と女の生き方を考えようというものだった。十年目の九三年には国際女性映画祭を開いて、デンマークとオーストラリアから女性監督を招いた」

◇

金森が専業主婦にあきたらず、新聞記者を目指したのは終戦まもない五二年のことである。読売新聞が女性に初めて門戸を開き、金森は公募記者第一号となり、新聞記者としての道を歩み始めた。

記者時代の七四年（昭和四十九年）から鎌倉山に住み始めた。だが引越し直後に夫はがんになり、五十八歳で死んだ。専業主婦のとき「若い女が料理なんかに現を抜かさずに何かやれ」と夫に励まされたのが、大学に入りなおし、新聞記者となる直接のきっかけであった。「とにかく面白かった」と半生を反省を振り返る金森だが、そんな人生を与えてくれた夫に感謝している。

「私ぐらいの世代でこれだけ多くの男性とつきあったというのは、めずらしいのではないか。『あの馬鹿』と話し声を聞くと、『どの馬鹿？』。総理大臣も馬鹿、部長も馬鹿、そんな男性記者と三十年もつきあっているうちに、口の悪さが身についてしまったわ」と金森は、うふふと笑った。（新規収録）

◆かながわ女性史

戦後という時代は、食糧難などだれもが生きるためのぎりぎりの生活を強いられていたが、明るい希望も息づいていた。新憲法、婦人参政権、男女共学そして新民法もスタートし、女性の解放と自立を支える新しい社会の枠組みが生まれた。今日の女性の社会進出にはめざましいものがあるが、女性の活動分野が多様化し、その生き方を自分で選択できる時代になったのも、長年にわたり歴史をつくってきた女性たちの汗の結晶といえる。しかし女性たちが本当の意味で理解され、真の男女共生の時代を実現していくにはまだまだ努力が必要だと思う。（長洲一二・元知事「共生への航路」より）

市長の托鉢

良寛に帰依◆托鉢で知る仏心

「湘南20世紀物語」では、さまざまな人に出会い、さまざまな生き方を学んだ。小島寅雄もその一人である。長い教員生活を経て、鎌倉市長を辞めて得度し、良寛に帰依した。子供の心を追い求めつつ逝った。生前の二〇〇一年九月、秋の気配が迫る静かな寺の境内にある住まいをたずねてのインタビューである。

◇

その住まいは臨済宗円覚寺派で鎌倉五山第四位の古刹浄智寺の境内奥にあった。葉山の山腹、東慶寺の裏山と山暮らしは、三十年を越え、二〇〇〇年秋に浄智寺に居を移していた。

「腰越の生まれで、お寺とは関係がなかったが、いつかお坊さんになろうかという気持ちがあった。子供の頃から小説をよく読んでいた。人間とは何だろうか、どう生きたらいいのかといろいろ考えるようになった。お坊さんになって食えるのかと考えたりして、結局踏ん切りがつかないままきてしまった。だが鎌倉市長を辞めて三日目に在家のままで得度した。紫雲という立派な法名ももらった」

小島は神奈川県師範学校（現横浜国立大学）卒業とともに教員生活をし、鎌倉市図書館長、教育長、市長を歴任した後、七十一歳での得度であった。

托鉢に出発する小島寅雄さん（1985年）小島家提供

「不殺生　不偸盗《ふちゅうとう》　不邪淫　不妄語　不綺語　不悪口《ふあっく》　不両舌　不慳貪《ふけんどん》　不瞋恚《ふしんい》　不邪見。得度では十善戒を守ることを誓う。自分自身の行動にたがをはめるようなものである。お葬式にお経を上げるとか、頭を剃るとかしなくても私自身の生活そのものが仏様の教えで、たがはまっているとほっとする」

仏に惹かれる。親がない子、貧しい子に人一倍のいとおしさを感ずる。小島の人生には、幼いころに生別、死別し、両親を知らないという自らの体験が大きな影響を与えているようだ。

「祖父の代から鎌倉石を切り出す石

工であった。父は私が生まれて二、三か月で崩れた土に埋まって亡くなり、母は九歳のとき再婚して家を離れ、祖父母に育てられた。どこかに孤独感とか無常感みたいなものがついて回った。教員時代に『生活主義綴り方』を実践した。思想的に左がかっているように見られたが、弱いもの、小さいものに目を向けるという思いが市長のときも根底にあったと思う」

　得度後、小島は経文の仮名本を筆で書いて異訳をしたり、学生のころからの絵心で仏画を描き、展覧会やボランティアの講演で全国を回った。衣を着て托鉢もした。

静けさの漂う浄智寺境内＊

「福祉募金のための托鉢であった。回った家に散華を渡したいので、蓮の花の絵を描いてくれないかといわれた。『私も一緒に歩かせてくれないか』といって托鉢することになった。四弘誓願を唱えて歩いた。人の情け、仏心を知って、さまざまなことを学んだように思う。それまでに歩いてきた道の総決算であった」

◇

　二十歳のころから良寛に魅かれていた。全国的なネットワークを持つ「良寛会」会長として、良寛は小島の晩年の生きることの目標となった。

「小さな子供はこれという希望があるわけではない。とにかくその日その日が楽しい。ヘッセも幸せというのは子供のときだけだといっている。時間のことを考えたり、将来のことを考えたりすると、もう幸せではなくなるという。子供と遊ぶことによって良寛は子供から学んでいるなと思う。一人一人が良寛と向き合い、語り合って自分を反省したり、生きる道を選んだりすることが原点にあるはずだ」

　良寛への熱き思いは、小島の遺言となった。（二〇〇二年一二月一三日）

◆市長時代の行政

一九八一年十一月から四年一期、鎌倉市長を勤めた。教員から教育長を経て市町村長になるケースは、海老名市にもあったが、鎌倉では初めて。市長就任にあたっては「昔を残しながら近代都市を作り上げていくっていうのは、鎌倉の大きな課題」とした。「鎌倉らしさっていうことで、いつか東慶寺の井上さんから鎌倉は黒板塀なんだ、白壁は京都だよといわれ、なるほどと思った」。「来年の春、文学館を建設する予定で、今仕事を進めているが、裏山に散策路を作ったり、鎌倉市内に文学コースのようなものを作ってみたい」と文人市長の面目を保った。（引用は八四年度市政要覧グラフの作家永井龍男との対談から）

第二部◇生活の革命㉖

点心の挑戦

過去の体験を糧に◆鎌倉に支店開業

「鎌倉は幕府創設当時から歴史、宗教、文化と中国と関係が深い。料理文化の向上に貢献した料理人北大路魯山人ゆかりの地。中国亡命者を受け入れた義烈荘の歴史もある」

羅《ら》子《し》樑《りょう》(66)が中日両国に深い関係を持つ鎌倉に注目して、手づくりの中国点心直営店（豊洋酒家）を開いてから七年。広東から日本にやってきた祖父、英国の貿易会社のサラリーマンを父に華僑三世として横浜に生まれ育った。

◇

「私が七歳のときに病死したので父の面影はほとんどない。だが父が孫文先生と一緒に写っている写真があり、若き日の父の活動の一端を垣間見ることができた。一九一三年に興中会の横浜支部結成準備中に華僑の支援者たちと一緒に撮った写真である。母、幼少のころの姉や兄の思い出では、孫文先生はいつもきちんと洋服を着ており、きりっとして威厳があった。初めは怖い人と思っていたようだが、実際には非常に優しい人で、孫文先生からアメダマなどをもらったことをずっと覚えていた」

羅家は関東大震災の後、本牧（横浜）に引っ越してきたが、当時はまわりにほとんど家もないところであった。羅子樑は中国と日本の関係が緊迫の度を増す三六年に生まれた。

「小学校一年の時の横浜大空襲は今でも鮮明に覚えている。四五年五月二十九日。快晴であった。空襲警報が鳴り、家の周りでものすごい爆発音がするので防空壕から出てみると、空全体がB29で埋め尽くされていて、家の周りは火の海であった。この場面だけは忘れられない。本牧はほぼ全滅状態で、土壁がポツンポツンと残っているだけの完全な焼け野原であった」

羅家の近くには外国人は住んでいなかった。戦争中の防火訓練では、「爆撃を受け火災になったら、隣近所全員で火を消す」という指示を受けていたの

客足の絶えない鎌倉の点心店＊

で、一生懸命消火しようとした。気がつくと残って消火をしていたのは、羅家の家族だけであった。

「戦争中で食べるものがなく、全焼した家の近くで、顔見知りの町内会役員が空襲で焼け焦げた多量のお米を被災者に分けていた。母が私の手を引いて一緒に並んでいたら、『お前たちは外国人だからやれない！帰れ！』といわれた。食べ物がないので、他の人が落として行った泥まみれのお米を一粒一粒拾って歩いた。私はなぜか米を拾いながら、涙がいつまでも止まらなかった。この場面を思い出すと、今でも涙が出てくる。この体験は私の人生の原点となっている。三か月後に終戦を迎え、立場は逆転した。日本と中国が戦争をしていた当時としては、仕方がないことだったのだろう。GHQは横浜の外国人を対象に中華街の学校で配給品を配った。わが家だけでは食べきれない量だったので、母は長い間、隣近所にも配っていた」

羅子樑は子供三人の成人式の日に、餞《はなむけ》の言葉として自分の人生体験から人さまに対する思いやりと人の痛みを知る人間になってほしいと話してきた。

◇

羅子樑は二十年間、横浜山手中華学校で歴史を教えていたが、健康を損なって退職し、九〇年（平成二年）横浜で点心卸の会社を創めた。そして鎌倉の段葛（鶴岡八幡宮前の若宮大路）沿いに直営店を出店した。

「鎌倉の風土を思うと出店には当初一抹の不安もあったのだが、まったく僕の思い過ごしである。多くの地元の方々と心の通い合う個人的な付き合いをしている。今後の中日関係を私たちなりにさらによくしていかねばいけないと思う。華僑はその小さな架け橋である。将来を考えるとき、過去の歴史が大事である。教員時代から『くさいものには蓋をしないで、鑑《かがみ》にしていかねば』と生徒や家族にいってきた」

大手通販会社の依頼で、新たに無添加の点心おせちの開発に挑戦している。

「調味料を使わない中華料理というのは難しいが、料理の原点に戻っていかに素材の味をいかすかを考えて取り組んでいる」と羅子樑は温顔をほころばせた。（二〇〇二年一二月二一日）

◆湘南の中国

義烈荘という山荘は極楽寺の山中にあり、中国やインドの革命、独立のために闘った志士たちの隠れ家だった。山荘跡に義烈荘の碑を建てた頭山満は明治、大正、昭和の右翼の頭目で、右翼団体・玄洋社を主宰していた。大陸進出を社是として大アジア主義を唱え、軍部と結んで日清、日露戦争や日韓併合などを推進する一方、孫文に同情し、革命を支援した。碑文によると、山荘には孫文や、辛亥革命後、日本に亡命した李烈鈞もいた。だが本当に滞在したことがあるのかどうか定かでない。七〇年代には東大名誉教授の大内兵衛らが呼びかけ人となり、「孫文らの遺跡を残そう」と保存運動が盛り上がったこともある。（岡崎雄兒著「神奈川の中の中国」東方書房より）

アートへの転身

日本の将来に不安感◆ビジネス界から銅版画家に

日米両国にわたるビジネスの第一線から美術界への転身。日本の長期不況を見据えたピーター・ミラー(57)の選択眼は確かであった。

コロンビアとバークレーで社会学のPHDをとったミラーは、一九七七年からスタンフォード総合研究所のスタッフとしてホンダ自動車の対米進出にあたっての立地条件のリサーチなどを手がけていた。

「日本の自動車産業の初めてのアメリカ進出であるから、リサーチすることはたくさんあった。日本の工場進出の環境とか、受け入れ側の住民の意見、日本の会社はアメリカにインベストするのが少なかったために、どういうリアクションがあるのか、不安であった。労働関係や給料のレベルとか、運送とかいろいろな条件があった。自動車産業は割合給料は高かったのだが、給料レベルが低いところはほしくないというのが本音であった」

◇

七九年ホンダの進出が決まり、ミラーの仕事は終わった。日産、トヨタ、日立など日本の大企業の工場、M&Aについてリサーチにもかかわった。八一年バンク・オブ・アメリカのコンサルティング・グループから東京に派遣され、シリコン・バレーの先端技術の

ミラーさんの作品「浄妙寺」

会社の要望に応じて、日本のマーケットの特質とか日本のパートナーの性格などについてレポートをまとめた。

「時には実際にジョイントベンチャーを立ち上げることもあった。二年間ぐらいマネージャーの仕事をしたあと、銀行が経営不振に陥り、コンサルティング・グループをリストラの対象とした。私もこうして銀行を去った。でもかえってラッキーだった。八三年に『アクセス・ジャパン』というリサーチとマネージメントの会社を作った。子会社を作って引き渡す仕事であった。基本的にはアメリカ企業の日本向けのお客さんが多かった。次第に日本企業の需要も増え、全体の三分の一ほどを占めるようになった。あの時はものすごく忙しかった」

だが円高に見舞われた八七年、日本の企業の将来に一抹の不安を感じた。

ビジネスの世界から足を洗う決断をすると、行動は早かった。「アクセス・ジャパン」で紫外線による感光を生かした会社を作り、日本の印刷会社に売ったことがある。子供のころからの写真への興味を生かした趣味と実益を兼ねたものであった。そのときに学んだ技法をアートに応用することができないだろうか。九一年に山に囲まれた鎌倉の盆地に工房を兼ねた住宅を作って移り住んだ。

プリンターの前で半生を語るピーター・ミラーさん＊

「写真は情報の提供だけではなく、オブジェになる。版画的写真を作るのは日本の風景に合うのではないかと思った。古い本を見ながら研究を重ねた。鎌倉のお寺とか海岸を回ってモノクロ写真を撮る。ポジフィルムに紫外線を感光させると微妙な陰影ができた。水墨画の世界を最新技術で再現できるのだ。湘南の風景は特別な光がある。とくに雲の影響で光のフィーリングが変りやすい。こうして瑞泉寺、報国寺、光明寺、杉本寺、妙本寺、八幡宮、円覚寺など社寺のシリーズが完成した。今はシースケープという海のシリーズに取り組んでいる」

◇

サンフランシスコ、ヒューストン、ワシントン、ニューヨーク、シアトル、ロサンゼルスとアメリカ各地で個展が開かれた。ロンドンやケルン（ドイツ）にも「ミラーの鎌倉」は、浸透していった。どこか懐かしく、心温まる世界である。日本人が見失いつつある風景をアメリカ人ビジネスマンが再発見させてくれた。ミラーは自動車には乗らない。愛用の自転車で鎌倉の路地や夕暮れの海岸を走り続け、心をとらえた風景に出会うと大型カメラのシャッターを押す。

（二〇〇二年一二月二二日）

◆鎌倉の外国人

長谷大仏裏のハイキングコースから寿福寺におりる散歩道で、自然石の墓が目に付いた。その墓にはカタカナで「デベッカー」と記してあった。いつしかその出会いも記憶のかなたに薄れた。ところがこの連載の取材でデ・ベッカーなる外国人に再会した。最初の出会いは大佛次郎の「長谷の家」という短いエッセー。大佛が鎌倉に移り住んだ最初の家は「帰化弁護士小林米訶（デ・ベッカー）さんの別荘だった」と書かれていた。

次いで江ノ電百年の取材で腰越にある本社を訪れたとき、弁護士デ・ベッカーの名前がまた出てきた。俳人星野椿さんは「母親の星野立子から名前を聞いたことがある」といっていた。鎌倉、湘南という土地柄、外国人の名前もよく耳にする。

第二部◇生活の革命㉘

職人のこだわり

蒲鉾にも時代の流れ◆伝統生かし素材も変化

小田原蒲鉾の老舗「丸う田代」ののれんを受け継ぐ五代目・田代勇生(48)は、相模湾に面した海の町（小田原市浜町）で、先祖から伝わる伝統の味を守っていた。

明治二年創業。元の店が関東大震災で倒壊した後、現在地に移ってきた。小田原を襲った戦災被害もなく、震災後の建物が今も残っている。旧小田原魚市場が近くにあったため、浜町には干物屋と蒲鉾屋がたくさんできた。小田原全体では十四軒の蒲鉾屋があるが、うち十軒は海の香がただよう浜町界隈にひしめく。小田原蒲鉾の起源は、城主大久保忠信時代の天明年間。沿岸漁業が盛んになり、商人が売れ残りの鮮魚を処理するため、西日本でつくられていた蒲鉾を参考にしてつくったと伝えられる。

◇

「小田原の蒲鉾店はほとんどが代々続く伝統産業。一九九一年(平成三年)にのれんを継いだ。男子は私だけだったので、父は黙って継がせるという雰囲気であった。子供のころは家内工業だったので、出稼ぎの職人や季節職人などが工場の二階に住み、遊び友達であった。工場の中は一日中魚のにおいがしていた」

戦前はオオギス、ナメイ、ムツ、イサギ、カマスなど地場の魚を使っていたが、東シナ海でグチが大漁に水揚げされ、氷漬けでの輸送が可能になって、小田原蒲鉾の主要な素材となった。その後すり身技術が発達し、生の魚を処理する割合が減った。そのため蒲鉾製造特有のにおいは消える。首都圏を抱え、戦後需要が急速に伸びて、小田原蒲鉾の評価はますます高まった。

「仙台はヒラメ、キンキ、大阪より西はエソ、ハモなど地場で獲れる安い魚を使った蒲鉾が知られている。小田原もグチだけでは間に合わなくなり、代わって北海道産のスケソウダラとグチのブレンドの時代になった。四代目の時代に冷凍すり身が開発され、高級な蒲鉾も大量生産できるようになった」

昔の蒲鉾職人は全国を渡り歩く渡り職人であった。小田原蒲鉾の独特な形と技術を学び、職人がその伝統を全国に伝えていった。だが時代の流れで機械化が進み、職人が不要の時代になった。でも蒲鉾の生命であるすり鉢職人

身おとし作業をする「丸う田代」の従業員たち（1960年ごろ）
田代勇生氏提供

は現在でも欠かせない。なくなりつつある板付け技術を残すため、小田原蒲鉾水産加工業共同組合では毎年技術研修会を行い、職人技を継承しようと努力している。

◇

「四代目の時はいい魚が手に入れば、おいしい蒲鉾ができたが、魚が悪いとドーンと品質が下がり、その差が大きかった。お客さんの立場からは、悪い時の蒲鉾の味は『こんなものか』、いい時は『おいしい』となり、蒲鉾評価も落差が大きかった。私はお正月に年一回食べていただく昔からの伝統的な蒲鉾の味に関してはマンネリが一番いいと思う」

味のプロのこだわりである。伝統の味を維持するために、いまでも現場に入り原料選びを続ける四代目は、同じグチでも好みに合わないとつき返すことも少なくないという。

「スケソウダラとグチに加えて最近は、イサギを混ぜるようになった。イサギの品質がいいと、混ぜる量を減らしてもいい味の蒲鉾ができる。原材料に季節変動があるので、年間通して均一なものを提供することがむずかしい。少し品質を下げてでも安定したレベルのものを作り続けた方が、結果的にはお客さんにとってはいいことだと思う」

蒲鉾業界にとって、伝統と技術革新の共存こそ生き残りの道である。それに「与えられた材料で作ってはいない」という自尊心がプロの味を引き出している。

（二〇〇二年一二月一九日）

◆小田原宿なりわい交流館

小田原には古くから栄えた産業文化を今に伝える地域資産がたくさんある。蒲鉾、漬物、菓子、梅干、木工などの地場産業が代表的なものである。展示に工夫を凝らし、お客との会話や体験を通して、小田原の産業にかかわる人・製品・ものづくりの現場を知ってもらおうと「街かど博物館」構想がスタートした。関東大震災後再建された小田原宿の大店「角吉」を中心にして散策する。「丸う田代」もコースにあり、大正時代の店の写真や小田原蒲鉾造り絵巻やつけ包丁などを展示している。ユニークな町おこしである。（小田原市経済部産業政策課のパンフレットより）

第二部◇生活の革命㉙

シラスの浜辺

鎌倉の海は隠れた好漁場◆かつてはノリ栽培も

鎌倉の海は、ヒラメ、アジ、カマスなど近海魚に加え、シラス（白子）の隠れた漁場である。大消費地を控えて海苔栽培が行われたこともある。海開きを控えた鎌倉は、レジャー客と漁師の共生の季節を迎える。

「白子干し朝日に干して納めけり」

（松崎鉄之介）

シラスは春から初夏にかけての風物詩。鎌倉市坂ノ下の漁師・原三郎（75）は、祖父の代からシラス漁にかかわってきた。今では長男と孫が、小型漁船「三郎丸」で沖に出て船引網でシラスを獲る。船が戻るのを待って、三郎は妻ヨシ、長男の嫁とともに、「釜揚げ」と「天日干し」の二種類の商品を作る。「シラスの店」として馴染客も増えた。

「親父は小学校四年で船に乗せられた。私は小学校六年までの義務教育の時代。親父より二年も余計に学校に通ったといわれ、十二歳で漁師になった。最初はシラスを干し、タタミイワシを作る母親を手伝った」

◇

一九四四年（昭和十九年）八月に召集され、石巻（宮城）から宇品（広島）に配属された。敵前上陸のための大発の艇長となり、海上訓練を続けた。日ごろの漁師の体験が認められたものだった。四五年八月六日朝、空襲警報で宇品沖に退避中、鋭い光が船内にぱっと差し込んだ。原爆投下の瞬間だった。罹災者救済にも駆り出された。白血球が激減し、被爆者として認定された。終戦にともない九月除隊、三郎は鎌倉の海に戻った。

「召集前も細々と漁を続けていたが、製品は供出を義務づけられていた。シラスでは飢えを癒せないが、カルシウム補給のために国民に配給された」

シラスの仕込みを終えて一休みする原三郎さん＊

◇

戦後の混乱が収まると、三郎たちは新しい仕事に目を向けた。東京湾の海苔業者から試験操業を申し込まれたのを機に、兄は海苔の栽培に取り組んだ。三郎は長男と若布栽培を始めた。「ワカメが勝つか、ノリが勝つか」と仲間たちも三郎たちの挑戦に注目した。鎌倉海苔は一時ブームとなり、材木座と坂ノ下だけで二十一軒が栽培を始めた。

「東京湾の軟らかい海苔と違って鎌倉産は、歯ごたえがあり、光沢もあった。だが自動乾燥機が普及するとみなが海苔を作り始め、商売のうまみもなくなった。おまけに海が澄んでくると、栽培にはマイナスだった。やがて海苔は姿を消した」

ワカメ干しの由比ヶ浜＊

◇

三郎は九五年、兄の死で中断していたシラス漁を二十年ぶりに再開した。老いた三郎に代わって、長男と孫が漁に出た。首都に一番近い海水浴場として鎌倉の海岸は、明治なかばから賑わってきた。長い砂浜の片隅で細々と家族中心の零細漁業を続けてきた漁師たちには、レジャー客との共生は避けて通れない宿命だ。

「サーファーに網を引っ掛けられることも日常化しているが、エンジンがついているので、船の方が避けなければならない義務がある。サーファーとはよく喧嘩した。最近は漁師の立場も少しは理解してくれるのか、大分落ち着いてきた」

三郎は朝日に輝く相模湾に息子達の乗った小さな船影を追った。

（二〇〇一年六月八日）

◆伊豆周辺から鎌倉へ

県水産総合研究所では相模湾を中心に調査船で毎月、卵やシラスを採集している。春に獲れるシラスは、伊豆周辺などで産卵されたものが、黒潮に乗って鎌倉沖の漁場に運ばれてくると思われる。七月以降、シラスは卵が大量に採集されるので、相模湾で生まれ大きくなったもので、秋シラスは最初は相模湾、後半になると再び沖で生まれたものになる。県では秋に生まれ、一月から二月に河口に集まるアユの稚仔魚保護のため、この時期のシラスは禁漁にしている。（県水産総合研究所資源研究部研究員・船木修氏＝談）

第二部◇生活の革命㉚

ドームの心

原爆ドームの世界遺産認定に尽力◆平山郁夫の教訓

広島の原爆ドーム　広島市国際平和推進課提供

鎌倉を世界遺産にしようという動きの中で、東京芸術大学学長で画家の平山郁夫は自問する。旧制中学校在学中に広島で被爆、その体験を基にして原爆ドームを世界遺産にすることに奔走した。鎌倉については「登録する前にしておかなくてはならないことがいくつもある」と慎重な姿勢だ。

◇

ボタンの掛け違いが一瞬にして市民の運命を分けた。修道中学校の生徒たちは、勤労動員されて軍施設や工場で朝から汗を流していた。昭和二十年八月六日午前八時十五分、広島に原爆が投下された。疎開作業中の生徒をはじめ修道中学の教師・生徒二百三人が犠牲となった。平山は爆心地から数百メートルしか離れていない兵器補給廠の作業現場にいたが、辛くも生き延びた。

「中学三年の時だった。病弱の生徒は学校で帰校授業を受けていた。私もその一人だったのだが、みな真っ黒になって働いていると思うと申し訳ないという気持ちでいっぱいだった。思いが通じたのか、前年暮から仕事に戻ることができた。勤労動員に戻っていなかったら、私はどうなっていたか分からない」

原爆投下の直前、平山は核シェルターのような作業小屋で、同級生二人と弾薬箱を作っていた。侵入してきたB29機を見上げていると落下傘がキラキラ光りながら落下。「変なものが落ちてくるぞ」と声をかけた瞬間、閃光が言葉をさえぎった。黄色い煙が充満し、熱線と爆風。夢中で作業場を這い出した。爆風で建物は傾き、可燃物は発火した。

鎌倉・仏法寺跡の遺跡発掘現場＊

「兵器廠の将校から『解散だ。中学生は逃げろ』といわれたが、どうしたらいいのか分からない。途方にくれて実家のある瀬戸内海の島の方向に向かって歩いた。二十時間以上、飲まず食わずトボトボと歩いた。民家の台所らしきところへ入って、水を飲もうとしたら死臭がして、吐き出した。呉の海軍救援隊から、コップいっぱいの水と乾パンをもらった。最初は一緒だった級友とも離れ一人になっていた」

終戦後しばらくして東京芸大に入り、広島を離れた。七二年(昭和四十七年)に高松塚古墳が発見され、師の前田青邨が総監修となり模写をした。毎日東京から鎌倉の前田のアトリエに通った。「鎌倉に住んだら」といわれ、家捜しをした。瑞泉寺に近い二階堂の屋敷はもと一高、東大のドイツ語の先生の家だった。芥川龍之介も泊まりに来たことがあるという由緒あるところだった。

平山は当事国アメリカの説得に向けて奔走し、原爆ドームは九六年（平成八年）暮、世界遺産に認定される。

「原爆投下はけしからんという告発のための世界遺産ではない。現在の原爆は広島型の数百倍。一発でも使われたら勝った負けたなしに地球は滅びる。廃絶に向けての一里塚にしようではないかという思いであった」

平山の意思が通じて、難色を示していたアメリカも認定に賛成した。被爆者の生の声が政治を動かしたのだ。

◇

「一度認定されると現状変更はできない。鎌倉も同じである。城塞都市というのは自然の切り通しで守って、内側には何もないのが特徴。計画や趣旨はいいのだが、現存する私有財産の問題がひっかかってくる。世界遺産となると総合的な保存が大切である」

鎌倉を世界遺産として登録するのかどうか。原爆ドームの認定をめぐる体験が大きな教訓になっている。

（二〇〇二年八月二三日）

◆鎌倉と世界遺産

鎌倉市では世界遺産登録推進担当が窓口になって、登録準備の一環として発掘調査を進めている。平成十二年度には三方を山に囲まれた特異な地形の中で山稜部に散在するさまざまな土木遺構を明らかにした。さらに十二、十三年度にわたって高徳院（鎌倉大仏）境内の発掘調査を行い、大仏殿（今は露座）の存在を裏付ける根固め遺構を確認し、その位置、規模を確定した。今年度は坂ノ下の霊山で極楽寺支院の仏法寺跡発掘調査を進めている。世界遺産として実際にいつ推薦されるかについては、まだ具体化していない。

（鎌倉市世界遺産登録推進担当＝談）

［第三部］

文士の選択

円覚寺から東慶寺を望む

湘南の自然と歴史は
多くの人々の心をとらえる。
作家やアーチストも湘南に魅せられ、
創作意欲をたぎらせた。
そして湘南の住人となり、
土地に溶け込み、
鎌倉カーニバルを支え、
野球チームを育ててきた。
孤高の文士像ではなく、
祭りを率先して楽しむゆとりがあった。
「造る」ことと「生きる」こととは、
湘南にあっては分かちがたく結びついている。
第二部ではおもに
湘南文士の積極的な生活情景に焦点をあてて、
二十世紀を振り返った。

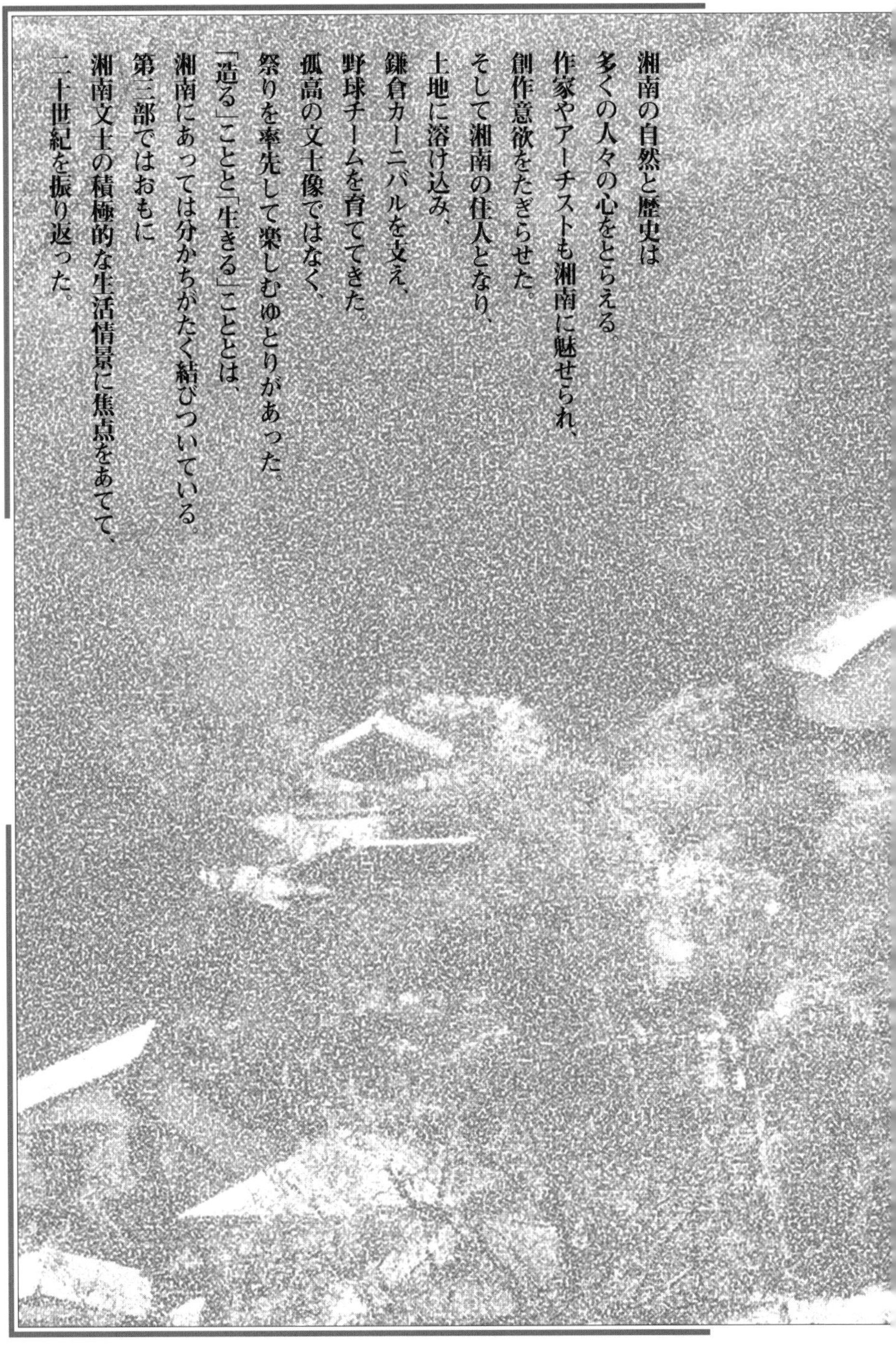

第三部◇文士の選択①

燃える炎

与謝野鉄幹の情熱◆百年の時を超え

一九〇一年（明治三十四年）一月三日夜、近代短歌先駆者の一人与謝野鉄幹（寛）は、由比ヶ浜海岸（鎌倉）に歌人仲間を集め、二十世紀を迎えてはやる心を焚き火に託した。百年後、二十一世紀の歌人たちは、鉄幹の情熱を受け継ごうと焚き火を再現した。百年をへだてて燃え上がるロマンの炎は、夜の海と空を染めた。

◇

「二十世紀を迎えて、由比ヶ浜に泊りがけで若い歌人たちが集まった。夜砂浜に出て、流木を集め、火をつけた。『これからは我らの時代だ』とばかり大いに気勢を上げた」

鎌倉山在住の歌人尾崎左永子は、文芸雑誌「明星」（明治三十四年二月発行）の中で「鉄幹の炎」の記述を見つけた。

鉄幹が一九〇〇年に創刊した「明星」は、明治中期の短歌運動の主導力となったロマン主義の旗手として、若者の心をとらえ、急速に広がった。由比ヶ浜の焚き火の周りに集まったのは、高村光太郎ら「明星」の歌人六人。いずれも揺籃期の近代短歌運動を担う主役となる。

焚き火の後、鉄幹は仲間に見送られて夜行列車で関西に向かった。「明星」の西の拠点となった関西文学会の新年会で講演することになっていた。その帰り、鉄幹は晶子を京都に誘ったとされる。二十世紀の炎は、鉄幹の内なる情念の炎をも燃え上がらせたのか。

与謝野晶子と鉄幹（1926年）　鎌倉文学館「晶子・かの子と鎌倉」より

「前年秋、鉄幹は女弟子の晶子と山川登美子と一緒に永観堂（京都）の紅葉を楽しもうと、粟田山の辻野旅館に泊まった。子供が生まれて、自分の籍に入れたいと徳山（山口県）にある妻（林滝野）の実家に頼みに行ったのだが、けんもほろろに追い返されてきたところだった。一緒に行こうと誘われた歌人仲間の中山梟庵は、傷心の鉄幹を慰めようと、京都行きは女弟子二人にまかせた。その因縁の辻野旅館で今度は晶子と二人で過ごした」

◇

「鉄幹の炎」の小さな記事を見つけた時、尾崎は「二十一世紀まで生きることができたら短歌に対する鉄幹の思いをぜひ再現してみたい」と密かに心に誓った。鎌倉在住の作家や歌人たちの協力も得て、資金集めに回った。鉄幹の心を受け継ぐ「短歌21・炎の出発」という焚き火再現の準備は整った。

「晶子の活動をプロデュースしたはずの鉄幹が、これまでは晶子のいいなりにしか書かれなかった。鉄幹がいなかったら日本の短歌は再生しなかったし、晶子も自由奔放に羽ばたけなかった。新たな焚き火には、鉄幹に光をあてたいという気持ちもあった」

歌人や作家らによって再現された「焚き火」（2001年）
かまくら春秋社提供

◇

一月六日の宵の口に鎌倉市内の新年会会場から由比ヶ浜に流れた歌人ら百五十人が、やぐらの中で燃え上がる炎に一人一人古材を投げ込んだ。

「炎は十メートルぐらいの高さになった。パチパチと燃え上がる炎の先に明星が輝く。金星の極大光輝の時で、ギランギランだった。風の後で空気も澄んでいた。みなでエイエイウォーと叫んだ。炎は原始的な力を呼び起こした」

焚き火をきっかけに、「炎によってかきたてられる原始の力と遊びの精神を大切にする気持ちで、ホモルーデンスとしての人間の根本を考えよう」と「炎の会」が誕生した。湘南の海は新しい時代の「明星」を生み出したともいえる　（二〇〇一年一〇月一九日）

◆鉄幹と鎌倉

鉄幹は雅号。本名は寛。晶子と結婚する前から鉄幹を師と慕う弟子たちに呼ばれて、鎌倉をはじめ各地を回った。「水色の鎌倉山の秋かぜに銀杏ちりしく石のきざはし」

結婚後も弟子の別荘などに滞在している。稲村ヶ崎の有島生馬邸（松の屋敷ともいわれた）や内山英保のサロンにも出入りし、歌会も開いている。鎌倉の歌を記した夫婦の揮毫帳も残されている。三五年（昭和十年）一月には由比ヶ浜の「海浜ホテル」に滞在し、末娘を呼び寄せて大仏などを回った。弟子とともに三浦半島を回った後に発病し、三月末に死去した。（鎌倉文学館学芸員・井上弘子さん＝談）

御所のなれそめ

失意の北原白秋◆三崎滞在で詩作に転機

「私の一生涯中最も重要なる一転機を画した」（雲母《きらら》集余言）という三浦三崎での生活で、北原白秋は失意と傷心を癒し、「城ヶ島の雨」を作った。多くの文士たちを魅了した「桜の御所」本瑞寺には、白秋も足跡を残していた。

◇

白秋は人妻との恋のもつれや実家の破産などで東京を逃れ、一九一三年（大正二年）五月から翌年二月まで三崎に住んだ。最初向ヶ崎の異人館に逗留していた。芝生や桟橋、離れもあるフランス領事の別宅だったが、その瀟洒なたたずまいとは似つかわしくなく、いざこざが絶えなかった。父と弟が始めた魚の仲買の仕事も失敗した。でも、あさりを掘る地元の少女にツバキの花輪を贈るなど詩人の感性は光る。

「三崎に来てまもなく、悄然とした格好で山門の前に立っていた。『ただ一人帽子かぶらず足袋穿かず桜の御所をさまよひて泣く』の歌通りの失意のときで、先代住職が声をかけて寺に出入りするようになった」

本瑞寺住職洞外文雄の妻、道子は、白秋との出会いを訥々と語る。

そんな時、芸術座から「舟歌を作ってくれないか」との依頼が飛び込んできた。東京に帰る家族と別れて、「桃の御所」の見桃寺に移っていた。作詞は半年近く滞った。やっと霊岸島通いの東京湾汽船に乗せて、届けた歌詞に、作曲家梁田貞が徹夜して曲をつけた。音楽会での発表までわずか四日というあわただしいデビューとなった。

「『城ヶ島の雨』を歌碑にしたいとおもって相談したら、歌詞があまりにセンチメンタルなことを気にしたのか、私たちはみなすばらしいと思っていたのだが、建立にはどうしても同意されなかった。でも『桃の御所』で作った『寂しさに秋成が書読みさして庭に出でたり白菊の花』を歌碑にすることには納得した。最終的に了解が得られ、石も決まった。だが開戦で取りやめに

見桃寺の歌碑脇に立つ北原白秋（1941年）

なり、石は相模湾に面した歌舞島に土をかけて埋められた」

◇

見桃寺に移ってから巡礼詩社という結社を作り、詩作に移っていく。「歌壇で与謝野晶子と競争する。だが晶子には歌では適わないということで詩に転換したようなところもあるのではないか」と白秋研究家の野上飛雲は白秋の心境の変化を推理する。いろいろな面で三崎の生活は、白秋に大きな影響をもたらした。

城ヶ島の白秋歌碑＊

「戦後ようやく機が熟して歌碑つくりが再燃した。『利休鼠色』というと根府川の石が、その色に近いというので、真鶴方面に探しに行った。夫は一週間ほどの逗留で帆の形をした石がみつかったといって喜んでいた」

道子の追想である。文雄は歌碑建立に奔走し、白秋没後七年目の四九年七月に「城ヶ島の雨」の歌碑が完成した。

◇

戦後本瑞寺には松本たかしをはじめ多くの俳人が集まった。

「宝生流のシテ方の家に生まれたたかし先生は体が弱くて能楽を止め、俳句に移った。夏の避暑でやってくると、夫人のつや女と一緒に長逗留し、興に乗ると奥座敷で舞ったこともある」

「牡丹のように華やかだった」というたかしをしのんで、牡丹忌の句会が開かれ、今も続いている。白秋ら本瑞寺に残る文士たちの足跡は、多くの俳人たちがしっかりと受け継いできた。

（二〇〇二年五月二四日）

◆三崎の生活

本集は相州三浦三崎に於ける私のささやかな生活の所産である。この約九か月間の田園生活は、きわめて短日月であったが、私にとっては私の一生涯中最も重要なる一転機を画したものだと自信する。初めて心霊が甦り、新生是より創まったのである。向ヶ崎の異人館生活の間父と弟は、土地の漁船より新鮮な魚類を買い占めて東京の魚河岸に送る商売をはじめたが、この仕事は結局失敗に終わった。翌年の二月、小笠原島に私が移住する迄の間、ほとんど四か月あまりの日月を、見桃寺の寂しい書院で静かな虔ましい生活をしていたのである。（北原白秋「雲母集余言」より）

刃傷の果てに

大杉栄の恋のもつれ◆小説にもなった茶屋事件

社会運動家でアナキストの大杉栄は、葉山の料亭旅館「日蔭（現在は日影）茶屋」で、三角関係の果てに自由恋愛の相手、新聞記者の神近市子に刺された。今は当時の面影はないが、日影茶屋事件は湘南の歴史の一コマとして聞き伝えられてきた。

◇

大杉は過激思想の持ち主として何度も逮捕された。明治天皇暗殺を計画した幸徳秋水らの大逆事件では、別の事件で監獄に入っていたため、連座を免れた。その大杉を信奉する女性たちとの恋愛事件のセンセーショナルな顚末であった。

「毛布や歯ブラシを差し入れるようにと、ご自分の傷の痛みも忘れて気遣っていらっしゃった由にございます。社会主義と申しましても、私共には難しいことは分かりかねます。とにかく大杉さんはこのようにとても優しい面を持ったお人でございました」

十三歳で奉公したおしづ（三角《みすみ》しづ）は、その三年前の一九一六年（大正五年）十一月九日に起きた事件について「日影茶屋物語しづ女覚書」（かまくら春秋社刊）で語っている。

大杉が事件後再婚する伊藤野枝と日影茶屋に泊まっていることを知った神近は、二階の一番奥にあった「二十番」の部屋で、大杉の首を刺すとそのまま外に飛び出した。玄関まで追った大杉はそこで倒れた。

大杉栄と伊藤野枝　読売新聞社提供

「急いでリヤカーに乗せて逗子の千葉病院に運びこんだという次第でございます。幸い傷は急所を外れておりましたので、大杉さんは案外お元気で、神近さんが自殺をなさるのではないかと、とても心配していらっしゃった。神近さんは一度は海に入られたそうですが、田越橋（逗子）の手前の駐在所に自首をされたのでございます」

大杉は二三年九月の関東大震災後のどさくさの中で殺害される。おしづは大正、昭和、平成と三代にわたり、日蔭茶屋に仕え、店の盛衰をつぶさに体験する。奉公前のことながら事件は生涯ついてまわった。作家瀬戸内寂聴はおしづの話を聞き、大杉をモデルにした小説「美は乱調にあり」「諧調は偽りなり」を刊行した。

神近が八一年に九十三歳で逝去したあと、事件のあった部屋をみたいと年配の女性が訪ねてきたことがある。おしづが「時にどちら様でございましょうか」と聞くと、女は「大杉の身内でございます」と答えた。伊藤野枝との間にできた娘の魔子だった。

日影茶屋の近況＊

「それは鐙摺（茶屋のある地区の呼称）の海に真っ赤な夕陽が沈む日でございました」

おしづは、深い思いを込めて回想している。日蔭茶屋に来て七十五年、おしづは九六年（平成八年）八月に死んだ。

◇

現在の日影茶屋は三五年（昭和十年）に建て替えたもので、事件の舞台「二十番」の部屋があった棟は消えた。マンションの一角がにょっきり顔を出す庭には、かつての風情もなくなった。事件が人々の話題にのぼらなくなってから久しい。

「生臭いお話を申し上げているうちに、お料理の支度が整ったようでございます」とお客に小冊子で事件の内容を紹介していたことがあるが、これも後を絶った。

「今でも関心のあるお客さまが時折訪ねていらっしゃいます」と女将の木村仁子はいう。サザンオールスターズの「鎌倉物語」では日影茶屋という店の名前が出てきて、意味ありげな「秘め事」が語られている。事件を知らない若いお客には、和食の老舗のイメージに加え、近くで開店した洋食レストランと洋菓子店が人気のスポットとなった。

（二〇〇二年六月七日）

◆大杉栄の死

関東大震災から半月たった九月十六日夕方、新宿の自宅近くで私服の甘粕ら二人の憲兵が大杉と妻の伊藤野枝、妹の子、橘宗一（六歳）の三人に声をかけて、東京憲兵隊本部に同行した。午後八時ごろ、大杉だけが一階応接室に案内され、甘粕が背後から首に腕をかけて絞殺。ついで野枝と宗一も殺し、三人の遺体を菰に包んで麻縄でしばり、憲兵隊火薬庫のそばの古井戸に放り込んだ。だが事件が公となって軍法会議が開かれ、甘粕は「自ら国家の害毒（主義者）を芟除《せんじょ》せんとしたるにある」と犯行動機を述べた。特赦減刑で三年後に出獄した甘粕は、満映理事長となり、敗戦直後自殺した。

第三部◇文士の選択④

心はダンディー

大仏をペンネームにした大佛次郎◆仏文資料を収集し執筆

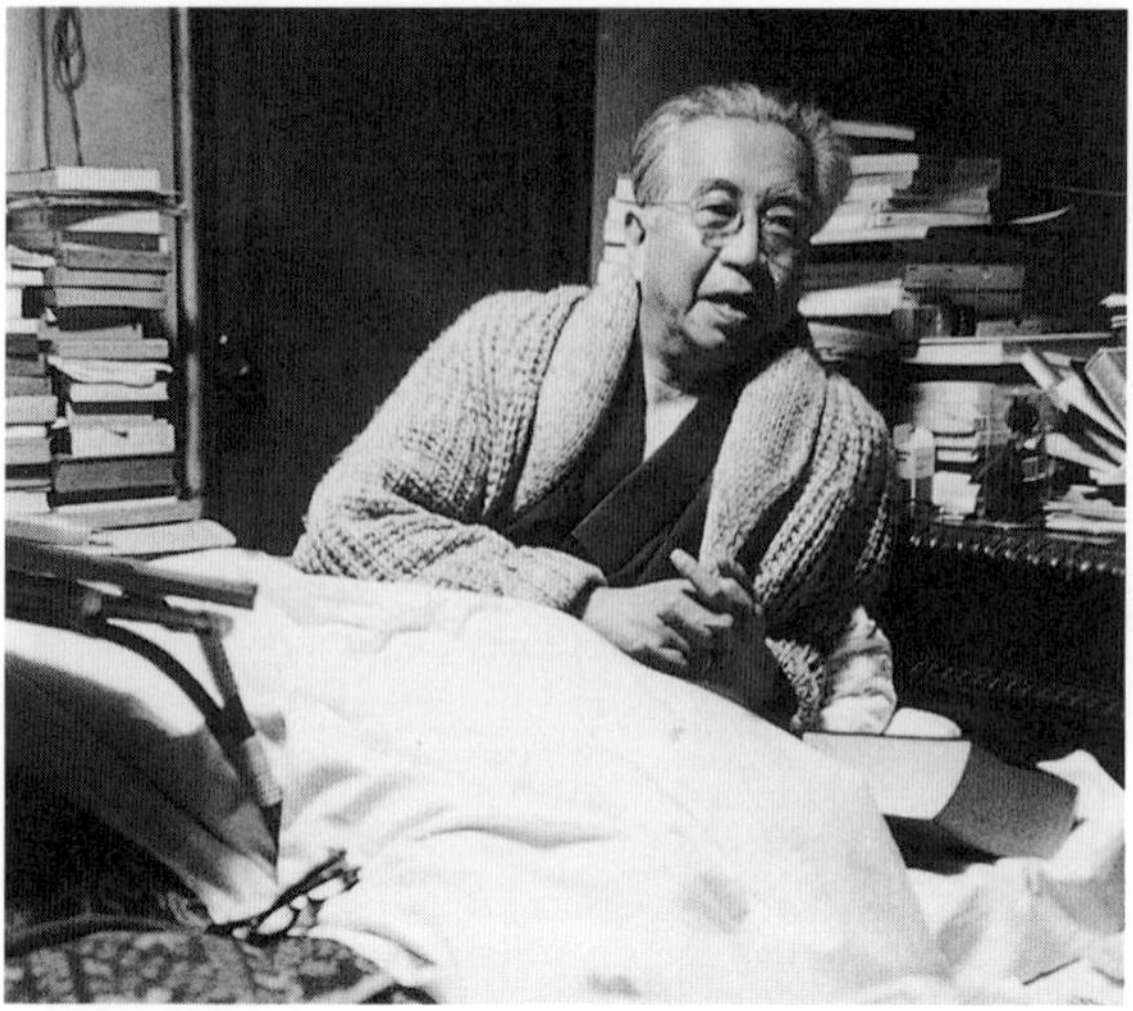

「パリ燃ゆ」執筆当時の大佛次郎（1961年） 大佛次郎記念館提供

作家大佛次郎は、鎌倉に住んで日に日に眺めた大仏を、ペンネームとし、「鞍馬天狗」を書いた時から使い始めた。いち早くヨットを乗りこなし、海水浴も楽しんだ。鎌倉は半世紀にわたって大佛を支えてきた精神風土である。

◇

「大仏から細い山道を一段下の畑に沿って登ってから右手に在る古い家で帰化弁護士小林米珂（デ・ベッカー）さんの別荘であった」（随筆「長谷の家」）

大佛は鎌倉の最初の生活を淡々と描く。東大法学部に進み外交官嘱託となったが、女優吾妻光（原田酉子）と知り合い、周辺の反対を押し切って学生結婚。鎌倉高等女学校に国語と歴史の教員として勤め始め、転々として住居を変え、二三年の夏を前に長谷に来た。そこで関東大震災に遭遇した。

「机の上のインク壺が動くのを見て遊びに来ていた生徒と妻に『危ないから逃げろ』といった。妻が飛び降りたときには、母屋と濡れ縁の間に大きな隙間ができていた。でも大仏の後姿が元のままで、まず安心したらしい」

鎌倉在住の仏文学者・村上光彦(73)は、毎年開かれる大佛をしのぶ集まりで耳にした震災の光景を語る。二人は作家と翻訳者の関係であった。「パリ燃ゆ」をはじめフランスを素材にした歴史小説を書くため、大佛は村上に仏文資料を読んでくれと依頼した。

◇

「津軽の民話を童話にした『あくたれ童子《わらし》ポコ』に感激して、女流作家の北畠八穂のところに押しかけて弟子入りした。北畠がかかわっていた鎌倉山の日曜学校にも行くようになった。そこで新聞社の文芸記者から紹介され、大佛の『パナマ事件』の資料を読んだのがきっかけとなった」

村上は旧制湘南中学途中で沼津に転校、戦後、極楽寺（鎌倉）に戻り、大佛を知った。歴史作家にとって原文の資料を読むことは命綱である。とくに若いころ、裸電球の下での仕事で、片方の目の網膜を患い、視力が衰え、原書の小文字を読むのに苦労した。そこで大佛は代わって原書を読んでくれる助手をもとめていたのだ。

「仏文学者の鈴木信太郎にも相談していたことがある。鈴木はパリコミューン（一八七一年三月十八日〜五月二十八日）前後の『ルタン』紙のカタログをパリの古本屋で見つけた。それを聞いて大佛が飛びつき、『パリ燃ゆ』のネタ本となった。私は毎週六十枚ぐらいの翻訳を持っていった。中には作家に資料を貸せないと門前払いの仏文学者もいたが、仏法を専攻した一高時代の友人や元鎌倉市長の親戚など、さまざまなところから貴重な資料が寄せられた」

◇

大佛は代表作「鞍馬天狗」をはじめ、さらに「赤穂浪士」「照る日くもる日」など時代小説に挑戦した。ついでいわゆる開化物とされた「霧笛」、現代小説「帰郷」などに続き、「ドレフュス事件」「パリ燃ゆ」などノンフィクションを手がけ、「天皇の世紀」が絶筆となる。

「とにかく『寝巻きを着ていても紳士』（作家永井龍男の評）という風情があった。客も日常は台所から出入りした。大佛は太鼓腹で浴衣をきていた。客を見ると浴衣の前を合わせておなかを隠そうとした。心はいつもダンディーであった」

大佛は病気のことも含めて、自分のことはあまり語らなかった。がんで亡くなる一月前、大佛は「目には気をつけるんだよ」と見舞いの村上にベッドに座り直して優しく忠告した。村上はこうした言葉の端々を今でもはっきりと覚えている。

（二〇〇二年一一月二二日）

◆鎌倉文庫

戦争末期の昭和二十年四月、鎌倉ペンクラブ会長久米正雄ら文士の協力で現金収入のある貸本屋を始めることになった。あっという間に千冊が集まった。若宮大路の休業中の玩具店を借り、久米や川端康成も交代で店番をし、夫人たちも手伝った。大佛は納屋を探して湿気ではがれた表紙の糊づけに一日かけて本を届けた。最初から保証金の没収を承知で本を返さないものもいた。保証金以上の価値のある本がザラにあったからだ。日本橋の白木屋に支店が進出、出版社鎌倉文庫も設立されたが、四六年に貸本屋閉鎖、出版社も四九年に倒産した。（郷土史研究家・清田昌弘氏＝談）

銀二郎の片腕

酒と地元を愛した里見弴◆普段着で理想語る鎌倉文士

作家里見弴の生涯は鎌倉と切り離しては語れない。酒を愛し、文士仲間に呼びかけ、地元に溶け込んで戦後の文化の復興に一肌ぬいだ。六十年にわたって鎌倉を舞台に繰り広げた鎌倉文士の絶妙な人生である。

◇

編集者として知り合い、人生の師として学んだ鎌倉の出版社代表伊藤玄二郎(58)にとって、里見には人間としての尽きせぬ魅力があった。

「一九七〇年（昭和四十五年）に河出書房に入り、新人として挨拶回りをしていた。ところが会社が事実上倒産した。里見先生が『おまえ、仕事もないのに会社にぶらさがっていないで、自分でやったらどうだ。俺たちもバックアップするぞ』といわれ、文芸雑誌創刊のきっかけとなった」

里見をはじめとして小林秀雄、永井龍男、今日出海、中村光夫、堀口大學らが集まり、日本文壇ここにありという時代。伊藤は声をかけられるままに、扇ヶ谷の里見邸に通う。

「里見流といって手酌で飲むのが、特徴であった。菊正の四斗樽が台所の片隅においてあり、自分でついできて飲んだ。少なくとも月に二回は、そうした酒宴があった。小林さんや永井さんが一緒だったり、先生と二人だけで飲むこともあった。酒を飲みながら『人との付き合いはのりが必要だ。親しくなればなるほど一定の距離をおいてつきあわないと、人間関係はうまくいかないよ』などと若い人に対するメッセージをさりげなく伝えた。『銀二郎の片腕』は、潔癖感のある男の物語で、里見先生の性格を伝えている」

◇

五歳の時、大蔵官僚であった父有島武が、当時の蔵相と対立して退官し、父とともに鎌倉に移った。一九一〇年（明治四十三年）長兄有島武郎、次兄壬生馬とともに、雑誌「白樺」の創刊に里見弴のペンネームで参加し、文壇にデビューする。その間一度東京に出るが二四年（大正十三年）に蔵屋敷に戻り、西御門、小町、扇ヶ谷と移って、鎌倉での生活が定着した。

貸し本屋と出版のための「鎌倉文庫」などにも参画。「鎌倉ペンクラブ」（二〇〇一年復活）は、「会費が集まらないことに癇癪をおこして」（伊藤）やめてしまったという。里見はとにかく地元に溶け込んでいった。

　里見の酒宴は年季が入っていた。九十歳近くの長老ながら里見は、「桜を見に行こう」と葉山の蕎麦屋「一色」に足を伸ばした。堀口大學、小林が一緒だった。同席した田中富（当時葉山町長）は里見の語ったエピソードを紹介する。

「里見先生は鎌倉に行かれる前に、逗子の東郷橋沿いに住んでいた。近くの大杉栄（アナキストの社会運動家）とも接触があったようだ。明治天皇が御用邸にこられる時、大杉から『ぜひ娘に金ぴかの馬車をみせてやってくれ』と頼まれた。当時警察の監視下にあり、大杉は行動も自由ではなかった。『弴さん、頼むよ』といわれ、天皇の行列を見に娘を連れて行った」

里見弴（右）と伊藤玄二郎さん（1981年）　かまくら春秋社提供

◇

　酒宴は里見が亡くなる八三年の正月まで続いた。新年に集まるのは毎年の恒例。そして正月が明けて三週間後に里見は逝った。

　伊藤は「常識的な生き方をされ、普段着の言葉で、普段着を着て、理想を掲げてきた。『常識的』という言葉の鏡であった」と語る。

　酒を愛し、人生を全うした鎌倉文士の肖像である。

（二〇〇二年五月一〇日）

◆小津安二郎との交友

　小津さんは昭和二十七年から鎌倉に住み始めた。私が松竹にいて仕事をしていたころ、父と知り合い、父の原作で映画を作ることになった。「彼岸花」と「秋日和」は小津さんに頼まれて書いたものである。よく湯河原の中西旅館に行ったりして交友を深めていた。小津さんは小説と映画は別のものだとしていたが、これは原作者をうたっておけば原作料も入るといった配慮だったのだろう。巨匠同士で気持ちがあったということだろうか。小津さんが亡くなった時には、弔辞を読んだが、あまり感情を出さない人だけに、父のそのときの涙には驚いた。（里見の四男、山内静夫氏＝談）

蜃気楼

芥川龍之介の鵠沼滞在◆死直前の心象風景

一九二六年（大正十五年）から二七年（昭和二年）にかけ半年間、芥川龍之介は鵠沼に滞在した。不眠症に病み睡眠薬を大量に飲み、死を見つめる晩年を送っていた。滞在期間こそわずかだが、作家の感性と創作意欲はさえ、鵠沼時代の作品は十編に及んでいる。芥川にとって鵠沼の生活は、どんな意味を持っていたのか。

◇

「或秋の午頃、僕は東京から遊びに来た大学生のK君と一しょに蜃気楼を見に出かけて行った。――次手《ついで》にO君も誘ふことにした」

芥川は短編「蜃気楼」で断髪にパラソル、踵の低い靴を履いた「新時代」の若い女を描き、水葬の死体についていたらしい木札を見つける。死を予感させるような幻想的な情景が次々に提示される。

「鵠沼海岸の蜃気楼は近くに住んでいた高等工業（現在の横浜国大工学部）学生の高木和男さん(93)が発見した。写真撮影に成功し新聞で紹介された。それを見て芥川も海に出かけた。当時旅館『東屋』の敷地には貸別荘があり、O君というのは芥川が借りていた別荘『イの四』号近くに住む小穴隆一という画家。芥川と親しくし、デスマスクも描いた」

郷土史グループ「鵠沼を語る会」会員有田裕一(64)が語る「蜃気楼」の人間模様である。

生鮮食料品店「有田」三代目経営者。代々近くの「東屋」とかかわりがあり、有田も身近な歴史として仲間とともに芥川の鵠沼時代を調べてきた。明治なかばから鵠沼海岸は別荘地として開発され、藤沢―片瀬間の江ノ電の開通により、別荘族や海水浴客も増加した。

◇

芥川が鵠沼を訪れたのは、資料の上では二二年（大正十一年）ごろであり、その後「東屋」にも逗留したと思われる。次いで二六年（大正十五年）四月

鵠沼の芥川龍之介、貸別荘「イの四」号の家の庭で

関東大震災前の「東屋」の庭園と江ノ島　横浜開港資料館蔵

末から一か月間、さらに七月に再び訪れ、斎藤茂吉の勧めで、「イの四」号に妻の塚本文、三男の也寸志と住んだ。鵠沼には妻の実家があり、芥川にはなじみのある土地だったのであろう。でも不眠症は一段とひどくなり、幻視や幻聴にさいなまされ、強迫観念におびえながら執筆を続ける。

「葛巻義敏という甥が田端で一緒に住んでおり、芥川もかわいがっていた。鵠沼に逗留している間は、芥川は『イの四』号の留守番を葛巻に頼んだりしていた。祖父の時代の『有田』には東京に戻った芥川の妻から『龍之介を呼んでくれ』と電話があり、葛巻に取り次いだこともあるという」

葛巻と妹の左登子はその後、鵠沼にあった芥川の妻の実家に住み、生涯、芥川の書簡や原稿など資料の所蔵に専念してきた。兄妹が死んだ後、藤沢市文書館に収蔵されており、二〇〇二年九月に開かれた『華ひらいた鵠沼文化展』（藤沢市民ギャラリー）で『葛巻文庫』として公開された。

◇

「鵠沼を語る会」の会員だった医師の富士《ふじ》山《たかし》は、「文士という面影はどこにもない痩せた物静かな人であった。頭髪は蓬々と伸び、どこか禅僧とでも云いたい感じがした」（文芸春秋「芥川龍之介氏の思い出」昭和十年）と「東屋」に診察した時の印象を語っている。鵠沼に滞在している間、肉体の疲労に加え、神経症も激しくなった。芥川は昭和二年四月に鵠沼を去り、七月に自殺した。「蜃気楼」はまさに死の直前の作家の心象風景であったともいえよう。

（二〇〇二年九月二七日）

◆東屋の文士たち

明治二十五年ごろに創業の旅館東屋は、明治の小説家斎藤緑雨が病気療養をかねて長期逗留したのを契機に文人たちの出入りが多くなり、のちに文士宿と呼ばれた。約二万平方メートルの敷地は海岸にまでおよび、松林や池もあった。文芸雑誌「白樺」発刊にあたり、志賀直哉と武者小路実篤が何度も東屋で相談した。鵠沼文化は東屋を中心にしてにぎわった。開戦前の昭和十四年に五十年の歴史を閉じた。平成十三年には正門近くに記念碑「東屋の跡」が建てられた。逗留した作家は徳富蘆花、大杉栄、谷崎潤一郎、里見弴、佐藤春夫、宮本百合子、川端康成ら多彩である。（「華ひらいた鵠沼文化展」より）

ベースボールの契り

久米正雄率いる文士野球◆地域とともに熱狂

久米正雄、里見弴、大佛次郎と鎌倉在住の文士たちが中心となって、野球チーム「鎌倉老童軍」を作った。やがて久米はチームを率いて都市対抗全国大会にまで勝ち進む。野球・カーニバルと知識人が率先して地域社会に溶け込む。古き良き時代の光景であった。

◇

「ゲイ倶楽部」。最初の文士野球チームの名前である。「ゲイ」といっても心優しく芸に通ずるという意味だが、真っ赤なフラノ地に黄色のラシャのユニホーム、胸に「ゲイ」とチーム名を縫いこんで現れると、スタンドはどよめいたという。創立は一九二三年（大正十二年）。試合にはきれいどころも駆けつけて声援を送り、花を咲かせた。次いで二九年（昭和四年）「鎌倉老童軍」として新規発足した。投手・大佛次郎、捕手・小林秀雄、二塁・久米正雄、中堅手・里見弴、右翼・今日出海、水原茂や大神清ら後の大学野球の花形選手も加わる〝ドリームチーム〟であった。

「父の野球とのかかわりは年季がはいっている。郡山（福島）の安積中学校時代にさかのぼる。昨年の選抜高校野球で安積が選ばれたが、それこそ郡山は号外が出る騒ぎ。野球部が出来てから百十年以上の偉業で、地元の新聞には久米正雄も当校で野球をやっていたなどと紹介された」

養女の和子（テレビバラエティー『お笑い三人組』の一人音羽美子、次男昭二の妻）は、義母に聞いたという久米の野球人生を語る。

「昭和三年夏、宝塚に講演に行ったときには、甲子園で中学校野球（現在の高校野球）を初日から最終まで観戦し、『大傘橋の下から』という題名で発表。一年間海外旅行に出ると、アメリカでワールドシリーズを観て、スコアをちゃんと書き込んでいる。帰国後は野球のラジオ中継を進言、戦後も『桂冠投手』という小説を書き、『野球少年』を新聞連載。映画化されて灰田勝彦の歌とともにヒットした」

圧巻は三四年（昭和九年）に監督として東海大会を制覇し、都市対抗野球全国大会に出場したことである。

「この老童軍の勝利をきいてぜひ本試合にはマウンドに立ちたいと志願したのが大佛次郎。『僕の球なら遅すぎて打てないよ』と腕前を宣伝したが、首をひねる者が多いので横浜のホテルへチーム全員を招待して買収策に狂奔したとか。これを知った大佛夫人はスポンジならいいが、硬球では怪我しかねないと久米夫人とともに野球熱を冷ますことを密かに練ったという」

「東京日日新聞」も毎日克明に老童軍の文士の生態を追っていた。だが初陣で台北軍とあたり、一〇対一で散った。

バッターボックスに立つ久米正雄(御成小学校校庭で)

◇

一八九一年(明治二十四年)長野県小県郡上田町に生まれ、父が自殺した後、母の実家の福島県安積郡に移転。一高で芥川龍之介、菊池寛と同級になった。東京帝大で俳句を始め、劇作家としてデビュー。夏目漱石の門下生となって小説を書き始めた。大正末期から鎌倉に住み始め、鎌倉カーニバルの開催にも奔走した。

芥川龍之介(前列真ん中)、川端康成(向かって右端)と久米(左端)
いずれも久米和子氏提供

「外はいいけど、内では黙って口をきかないと義母はぼやいていました」

和子の述懐には、野球にはしゃぐ日常とはあいいれない文士の内面が垣間見られる。没後五十年、郡山の「文学の森資料館」では今年秋、久米が映像に納めたフィルムなどを展示する。

(二〇〇二年九月一三日)

◆鎌倉時代の久米
久米は人付き合いが良く、頼まれると嫌とはいえない性分で周りには自然と人が集まってきた。昭和七年の鎌倉町議会議員選挙ではトップ当選、大佛次郎らと「鎌倉カーニバル」を考案し、実行委員長となり、「ミス鎌倉コンテスト」審査委員長も務めた。昭和十一年に「鎌倉ペンクラブ」を結成し、初代会長に就任。昭和十七年には「日本文学報国会」の事務局長として指導的立場にあった。終戦直前には川端康成、高見順らと貸本屋「鎌倉文庫」を開業、戦後には出版社社長として発表の場を提供した。(「文学の森資料館」久米正雄展カタログより)

大仏の句会

高浜虚子・星野立子が主宰◆孫ら流れ引き継ぐ

鎌倉大仏は大佛次郎がペンネームとし、吉屋信子も親しんだ文化遺産である。鋳造七百五十年、沈思黙想する大仏は文士たちの活動の舞台であり、精神的なよりどころとなった。俳人星野立子とその父高浜虚子にとっても、日常接する光景であった。

◇

大仏に袈裟懸けにある冬日かな　（虚子）

大仏の冬日は山に移りけり　（立子）

この二句は立子の娘・星野椿がまず思い起こす祖父と母の俳句である。

「大仏は冬の日があたっていると暖かい感じがして美しい。昭和のはじめの作品で、そんな気持ちを歌ったものである。妹（高木晴子）の叔父が日本銀行の理事をしており、それが縁となって、立子が主宰する日銀句会が生まれた。戦後まもない一九四七年（昭和二十二年）、大仏のある高徳院の座敷を借りて始めた。大仏句会と名づけ、虚子も時々顔を出した。高度経済成長期に入る前の日銀マンの精神的一面がうかがえる」

大仏前で、左から星野立子、高浜虚子、三笠宮殿下、吉屋信子、門馬千代、一人おいて佐藤治子（高徳院）の各氏（1949年ごろ）　高徳院提供

句会はおもに日銀会議室で行われたが、三か月に一度は高徳院に戻ってきて、旧交を温めた。のちに「日の友会」

と改称して、現在も活動を続けている。

虚子と立子は、三笠宮殿下を中心に行われていた「十五人句会」も主宰し、吉屋信子も顔を出していた。

「花鳥諷詠」を唱え、俳壇の中心的な存在となった虚子は、立子の病気療養のため、一九一〇年(明治四十三年)から由比ガ浜(鎌倉)に住み始めた。立子は結婚後、東京で暮らしたが、三一年(昭和六年)に鎌倉に戻った。

「虚子は由比ヶ浜の新鮮な魚が好きで、漁師が売りに来るのを楽しみにしていた。二人とも鎌倉をこよなく愛していた。今でこそ女性が中心となっているが、立子は女流俳人としてパイオニア的な存在。虚子は立子の父であり、師であった。虚子は俳句会、旅行とどこへ行くにも立子を一緒に連れ歩いていた。立子の才能を見抜き、プロの俳人に仕立てたのは虚子であったと思う」

◇

虚子と立子没後、膨大な資料はカビにまみれていた。椿は二〇〇〇年(平成十二年)に自宅(二階堂)の隣に俳句同人の「玉藻」の師友に呼びかけ、敷地四百坪、建坪百六十坪の土地と家屋を求めて、「鎌倉虚子立子記念館」を作り、資料の収集保存に乗り出した。

「母はおしゃれで、紫色の和服が似合う楚々とした美人だった。だが私から見ると常に背に俳句という重荷を背負っており、俳句に追い立てられているような毎日。子供のころからこうした母を見ていて、俳句の先生にだけはなりたくないと思っていた。私にとっても大仏さまは憧れで、さびしい時も嬉しい時にも身近にいてくださる。いつも一緒に大仏に連れて行ってくれたのは、こうちゃんという婆やであった」

椿は行動する立子の姿をじっと見つめながら、満たされない愛情をふと漏らしたのかもしれない。

だが椿にとっても俳句は人生そのものとなった。記念館を運営し、句会を主宰する日々。息子の星野高士(59)は椿の事業を支えながら、インターネットのホームページ(http://www.haiku-st.co.jp)で全国から投句を求め、選句、添削をしている。母立子からみて二代目三代目の俳句とのかかわりである。

(二〇〇二年一〇月四日)

◆吉屋信子と大仏

信子は休養と疎開をかねて、一九四四年(昭和十九年)五月に鎌倉大仏裏の別荘に移った。鎌倉での生活は静養につとめ、もっぱら読書と俳句をしていたが、星野立子と親しく付き合うようになり、やがて星野の父高浜虚子に師事し、熱心に「ホトトギス」に投稿するようになった。「百合咲いて俄かに近し向う山」。四六年、信子らは潮会を創立した。戦後の混迷の中で、「今こそ婦人の教養向上を」の願いが込められていたという。事務所を大仏殿におき、昭和四十八年には百名を越える人数になっていた。会では文学、芸術、宗教などについて語り合われた。(鎌倉文学館企画展「文学と鎌倉大仏」より)

父と娘

天真爛漫な堀口大學◆富士に魅せられて葉山に移住

詩人堀口大學は相模湾に面した葉山に居を定め、詩作に没頭した。「穏やかなパパ」として一家の中心となり、数少ない文士たちとの交流を大切にした。そこには自己流で融通無碍、天真爛漫な詩人の素顔があった。

◇

「さねざしの相模の海の真向に
　居然　真西の　真正面――
まさかと思うが論より証拠
　一度来て眺めませんか」

「富士山が大好きで、葉山に来たのも朝な夕なに眺められることがあったのだろう。『葉山の富士山』という詩には思いが込められている。晩年には山中湖にも毎年行っていたが、やはり富士山に魅かれてのことだったのだろう」

一人娘の詩人堀口すみれ子（葉山在住）は大學の思い出を語る。興津（静岡）に疎開していた大學の家族は、終戦前後に妙高高原、高田と新潟の身内を頼って居を移し、一九五〇年（昭和二十五年）に海の見える葉山にやってきた。

大學が五十三歳の時に生まれたすみれ子には、独特の風格を持った父親であった。

「自分が親になるなんて思いもしなかったこともあるのだろう。まったく手放しというか、世間に通用するように育てようとか、教えようとか、そんな気持ちはまったくなく、ただ機嫌よく元気でいてさえくれればハッピーであった」

清見寺（興津）の石段の間に咲いていたのを思い出して、「すみれ子」と命名した。「名前というのは読み間違えられないこと、一回で覚えてくれること」として大學と名づけた自分の父の思いを継承したのであろう。小学校の時は風雨が強いと「学校に行くな」といって「そんなことで通学させない親がどこにいますか」と母にしかられた。結婚の時はひと騒動。直前まで「僕が死ぬまでそばにいてくれ」といってすみれ子を困らせた。でも式には出席し、父親としての義務を果たした。

家族を養っていくため翻訳に追われる日々。人付き合いは少なかった。だが詩人佐藤春夫との交友は、大學のかけがえのない至宝であった。

「新詩社に入った時、与謝野寛、晶

子の紹介で知り合った。互いの仕事、人格を尊重して、一点の曇りもない付き合いであった。十八歳から七十二歳で春夫が亡くなるまで　五十五年間続いた。五日前には一緒に東京へミロのビーナスの展示を見に行ったばかりだった。突然の死を知って父は動転していた。葬儀委員長の父の弔辞は涙なしには読めない。随筆『二顆の陶印』には、父と春夫が偶然保存していた寛の遺品の陶印を通して二人の交友が語られている」

還暦祝いで堀口大學にちゃんちゃんこを着せる佐藤春夫（1952年）
堀口すみれ子氏提供

◇

母マサノは「父への一生のお礼」として、葉山の自宅に書庫を建てた。大學は地元の図書館に身辺の本をごっそりと寄贈したが、自分の本は手放すことなく、その書庫に収めている。自分の生涯を見ることができると満足していたという。新しい本が出るたびに、「すみれ子へ　父より」とサインして娘に必ず渡した。そのサイン本も何冊か残されている。

「父がいなくなってから急に懐かしくなり、寂しくなった。亡くなった後になって父と話したい、会いたい、父を知りたいという思いにかられた。父にもらってもほとんど読むこともなかった詩集などを夢中になって読み始めた」

今も残る「物置のような書庫」には、父娘の心のきずなが封印されている。

（二〇〇二年一〇月一八日）

◆二顆の陶印

ところで、この二顆の陶印が、如何にしていままた、僕の座右に、珍宝として宝蔵されているのかって？「行きて待てシャム兄弟の片われはしばしこの世の業はたし行く」と、僕をなげかせて、一九六四年、君まねかれて急に白玉楼中の客となり給うた後、ご遺族の方々の並ならぬ心いれにより、五十五年の久しきにわたり、只の一度の曇も見せなかったこの友情の形見草として、生き残りの僕に賜ったという次第。十重二十重縁の糸につながれた、これなん師恩と友情の形見草、有難しとも尊き哉や！（堀口大學「太陽」昭和五十四年五月号より）

第三部◇文士の選択⑩

三崎に遊ぶ

岩村透・井伏鱒二も逗留◆定宿の岬陽館

一八九四年（明治二十七年）創設の旅館「岬陽館《こうようかん》」は、三浦三崎に、着想を求めてやってくる作家や画家たちの定宿であった。三崎が遠洋漁業の基地となると、マグロ船の船主が出入りする。二十世紀をまるごと生き抜いてきた老舗に見る文士たちの情景である。

◇

先代の第四代当主・中野正博(81)にとってもっとも記憶に新しいのは、作家井伏鱒二とのかかわりだった。商売のPRのつもりで「三崎には鯛釣りの名人がいる」という趣旨のハガキを出したところ、編集者から返事がきた。一九五八年（昭和三十三年）秋のことだった。

「これから毎月『釣師釣場』というテーマで先生に書いてもらう。釣場と名釣師を訪ねる探訪記だ。あなたのアイデアなので、敬意を表するためにまず三崎の名釣師の話から始めたい」

はじめて岬陽館を訪ねてきた井伏と編集者は、地元の老漁師を呼んで話を聞いた。翌朝舟を出して釣りに出た。中野もつきあった。鯛釣りの名人と宣伝していたのだが、鯛は一尾もかからなかった。代わりに釣れたのは大きなハタ二尾だった。まず井伏、次いで漁師が釣り上げた。

海沿いにあった岬陽館

「城ヶ島沖の外洋だった『城ヶ島の東の端と西の端とその向こうにかすんでいる山をにらみ合わせて』（井伏鱒二「釣師釣場」）場所を決めると、エンジンを止めて釣り糸を垂らすようにいった。大きなハタを釣った先生は、『これは見事だ。大漁旗をたてよう』と大喜びだった。漁師は『そんなもの、ねえよ』と苦笑い。先生の物柔らかな受け応えに接して、実にゆったりした大人だという印象だった」

記事は翌五九年一月号に掲載された。「岬陽館の主人というのは、三崎で生まれ育ったはずなのに釣りはあまりうまくない」と書いてあった。一枚のハガキが取り持った縁だが、井伏の人間を知るにはまたとない機会になった。

岬陽館は中野の祖父にあたる甲子太郎が、「海水浴客御旅館」として創設した。当初は東京湾汽船の「三盛丸」でやってくる商人も使った。富山の大衆薬商人は代々にわたって利用した。そんな時代の利用客の一人が岩村透だった。森鷗外の後任として東京美術学校に呼ばれるが、静養先の三崎が気に入ったと見えて、たびたび岬陽館を利用、挙句の果てに「隣松庵」という別荘を新築し、友人を招いては観月会などを開いていた。

宿の前で従業員と記念撮影。少年時代の中野さん（左から４人目）（1924年ごろ）　中野正博氏提供

「甲子太郎は岩村先生から三崎に葬ってほしいといわれ、本気になって墓を探したようだ。眺めのいい『桜の御所』の本瑞寺に決めた。三崎の下町から城ヶ島を望む景勝の地にあった。キリスト教徒の先生には縁もゆかりもない寺だった」

甲子太郎の思い出は、岩村のエピソードにつながる。一七年（大正六年）三崎で永眠した岩村は、遺言通り本瑞寺に葬られた。その後、隣松庵には岩村の子息が住むが、小学生だった中野も酒や米、料理を運んだ思い出がある。北原白秋、平塚雷鳥、与謝野鉄幹・晶子夫妻、斎藤茂吉、中村琢二と岬陽館を訪れた作家や画家は数多い。

◇

戦後中野が当主になってからは宮城県、和歌山県、高知県などから船主が来て利用するようになる。遠洋漁業基地として脚光を浴びた時代で、船員たちの宴会もたびたび行われた。だが七五年の大火で港町は焼き尽くされた。

「鉄筋が防火壁になって旅館は焼失を免れたが、別棟にあった資料は建物とともに灰になった」

中野にとって、人生最大の事件だった。作家たちの思い出も、マグロ船のにぎわいも火事で一瞬にして消え去った。時代の変貌も加わり、今は観光客がマグロの味を求めて岬陽館にやってくる。

（二〇〇二年五月一七日）

◆三浦半島の文学

大衆作家村井弦斎の「桜乃御所」が、三崎を描いたものとしては、はしりであった。明治後期から大正期にかけては、岩村透から北原白秋、若山牧水らが三崎の景勝にひかれてやってくる。三浦半島の文学に共通しているのは、海とのかかわりである。景行天皇四十年に日本武尊の東征の舞台として、横須賀市走水の海が描かれた。現在の文学作品についてもその傾向は変わっていない。「人間が歩いたあとが道になる」という魯迅の言葉のとおり、古くから避遠の岬であったこの半島に、多くの作家や詩人たちが難渋を重ねて切り拓いた文学であった。（野上飛雲「三浦半島の文学」より）

谷戸の混迷

鶴岡二十五坊跡の開発中止◆自然保護運動の原点

鶴岡八幡宮の背後に明治初年まであった二十五坊の跡地（御谷《おやつ》地区）で一九六三年（昭和三十八年）秋、宅地造成計画が持ち上がった。御谷の自然を保護しようと立ち上がった地元住民と大佛次郎、小林秀雄、井上禅定ら鎌倉文士や住職などが賛同して、工事を中止させる。御谷騒動は六六年の古都保存法制定のきっかけともなった。

◇

「当時は『雪ノ下』ではなく『御谷』という地名がまだ残っていた。最初私が親しくしていた歌人の吉野秀雄先生に相談にいったところ、やはり宅造で苦労された覚園寺住職の大森順雄老師を紹介してくださった。ご自分の経験から『命がけですよ。その覚悟があるのなら』といわれた」

発起人の一人天野久彌の妻静江(87)は語る。問題の土地は八幡宮裏山の約一万九千八百平方メートル（六千坪）で、東京の業者が購入し、鎌倉市議会の承認を得て六四年一月に県に具申された。

「主人は繊維会社を経営していたが、夫婦とも開発反対、自然保護などという考えはなかった。鎌倉の神社仏閣は山があってこそ静かなたたずまいを残している。何とか現状のまま子孫に残したいというのが、私たちの素朴な思いだった」

騒動の解決に一役買った内山岩太郎知事（当時）の書簡＊

今でこそ署名活動は普通のことだが、当時はまだ一人一人署名をしてもらうのは大変なことだった。御谷の住人のほかに開発反対に賛成してくれる著名人の賛同者を集め、寄付金を募った。作家の大佛次郎が賛同し、『怒る権利』という新聞寄稿を書いたのがきっかけとなり、運動は全国的に知られるようになった。寄付金で所有者から山を買い上げるというもので、ナショナル・トラストの先駆となる。

◇

運動の中心になった東慶寺住職井上禅定とともに円覚寺管長の朝比奈宗源、画家の小倉遊亀が山の状況を見に来たことがある。九月の嵐の日で山に入ると強い風で木々が大きく揺れていた。

「悟りに至った方だから木が助けてくれと言ってでもいるかのように感じたのであろう。朝比奈さんは最初、『私は中立の立場だよ』と言っておられた

谷戸の協議（右から歴史家三上次男氏、井上禅定氏、大森順雄氏。左端が天野久彌さん、1人おいて静江夫人）（1964年）　天野静江氏提供

が、揺れる木を見たらすっかり気持ちが変ったようだった。私の家に飛び込んできて、当時の山本正一市長に電話、『知事が中止命令を出したのにブルドーザーを侵入させたのは、市長の責任ではないのか』と禅僧特有の大声でどなっていた」

運動の輪は広がったものの、一時は天野一人だけになったこともある。業者は力を得て盛り返しを図ろうとしていた。そこで女性軍が立ちあがった。女学校を出て貞淑な家庭の主婦になることのみを求められた時代だったが、状況を見るに見かねて、静江ら主婦数人が市長と直談判した。運動の帰趨を決めたのは県知事内山岩太郎の協力だった。「県としてもできる限り応援したく、山本市長にもご相談の上、積極的ご行動をいただきたい」との書簡が決め手となった。

「女性軍が立ちあがった後、内山知事の協力の意思表示につながったことを思うと、大事なのは女性とトップ（知事）だとの思いを強くした」と静江は強調する。

◇

「鎌倉は東京の郊外。鎌倉の自然は破壊すべきではない。七百年美しく伝えて今日にまで保存されたこの岩、この森、山、谷の緑は末永く児孫に残してやらねばならぬ」

東慶寺裏山の松ヶ岡文庫に住んでいた仏教哲学者鈴木大拙の言葉である。鎌倉文化人が勢ぞろいして開発から守った御谷の杜は、まさに自然保護運動の原点であった。

（二〇〇二年五月三日）

◆怒る権利

史跡、風致地区の大切さを叫んでも、金力か財力か、何かの実力の圧迫の前にはイヌの遠ぼえである。無力な文化人として一束に片付けられる。自分のことだけでなく、一般のこと共同の運命に、もっと素直にだれも怒りをしめすようになってから、初めて良い時代が来るのである。二十五坊（御谷地区）の山の問題、稲村ヶ崎の問題につき、市民が結束して発言するようになったのは、よいことである。いつも人が知らぬ間に仕事が進められ、既成の事実として、力ある者が居すわる。それが民主時代だとしたら奇怪である。（大佛次郎＝天野久彌「いざ鎌倉　御谷騒動回想記」より）

自殺の雷鳴

愛妻失い絶望◆死の直前、友人へ〝別れ〟の手紙

末期がんで死んだ愛妻の後を追って、文芸評論家・江藤淳が自殺したのは、二十世紀もあと一年を残すだけの夏の激しい雷雨の日であった。戦後の混乱と高度成長期の日本の本質を見抜き、鋭い舌鋒と筆致で警告を発して早足で走り抜けていった。

◇

江藤は自殺の直前に東京都知事・石原慎太郎、東大名誉教授・辛島昇と鎌倉市議・松中健治の三人に〝別れ〟の手紙とワインのセットを送っていた。一九九九年（平成十一年）七月十七日に届いた手紙は便箋二枚に青の万年筆で丹精にしたためられていた。

「家内の没後、今日までの御夫婦の御厚情には感謝の言葉もありません。あなた方がおられなければ、どうなっていただろうと思うと慄然とするばかりです。『妻と私』はおかげさまで、一週間以内に増刷となります」

「妻と私」は九八年一月七日に死去した妻の江頭慶子との生活について発表した手記である。突然の手紙とワインに驚いた松中がすぐに電話をすると、江藤は「手紙読んでくれた?」と言っていた。その言葉が今でも心に残っている。

「今から考えると死を覚悟して、懇意にしていた人たちに感謝の手紙を送ってくれたのではないのだろうか」

〝礼状〟を書いた五日後、「心身の

江藤夫妻と松中さん（左端）（1989年、江藤氏の軽井沢の別荘で）　松中健治氏提供

不自由が進み、病苦が堪え難し。去る六月十日、脳梗塞の発作に遭いし以来の江藤淳は、形骸に過ぎず、自ら処決して形骸を断ずる所以なり。乞う、諸君よ、これを諒とせられよ」という遺書を残してこの世を去った。

江藤は鎌倉には小学校から旧制中学、高校まで過ごしたことがある。昭和五十七年から再び鎌倉の谷戸に住み始めた。「西御門雑記」などのエッセーには、身辺の四季折々の情景が心象風景とともに心優しく描かれている。

松中は江藤との出会いと交流について語る。

「鎌倉に住むのならぜひ松中に会えよと、妻のはとこに当たる辛島さんが江藤先生に言ったのがきっかけで、長い付き合いが始まった。毎年十二月の誕生日と新年はもちろんのこと、夫婦同士で十数年共に過ごした。いつもブランデーで切り上げるのが習いであった。僕の支援者の会も楽しみにしていて必ず参加し、みなの前で話をした。文芸評論の先生には、地元市議としての僕の生々しい体験に興味があったのだろう」

◇

遺作となった「妻と私」は、慶子の病死後、江藤も糸が切れたように発病して入院中に書き始めたものである。

「いったん死の時間に深く浸り、そこに独り取り残されてまだ生きている人間ほど、絶望的なものはない……。ただ私だけの死の時間が、私の心身を捕え、意味のない死に向って刻一刻と私を追い込んで行くのである」――自殺の二か月前の刊行で、内容はまさに死の宣言である。そのころ江藤が「名誉も何もいらない。首をつるかもいがあったら、今でも死にたい」とぽつりともらしていたことを松中は思い起こす。

「日ごろの歯に衣着せぬ国家社会に対する激しい批評から考えると、『妻と私』のような私的なことを書く方ではないように思った。でも『書けちゃった』とはしゃいでいた。そして二か月後に自ら命を絶った」

江藤の遺志を重んじて、記念館などはいっさいない。大量の文献は辛島が現在勤めている大正大学に保管されている。

（二〇〇二年一一月八日）

◆江藤淳の思い出

江藤淳さんが命を絶ったとき、鎌倉は雷雨で、マンホールから水があふれるほどだった。激しい雷雨を聞きながら、気持ちはふさいでいったのであろう。一九五九年に編集者として江藤さんにはじめてインタビューした。「夏目漱石」が注目され、「小林秀雄」に着手して、江藤さんは本格的な評論活動を始めようとしていた。妻の慶子さんと私は大連の同郷のよしみで気が合うところがあった。死の二、三か月前、鎌倉の小町ですれ違ったとき、慶子さんの顔色が悪いのに驚いた。江藤さんは心を許す妻に先立たれて、無理がたたり、疲れ果てたのだろう。（作家・鎌倉クラブ会長、三木卓＝談）

新時代の「鎌倉夫人」

四人の作家の挑戦◆自立した女性のライフスタイル

二十世紀の湘南を舞台として、「鎌倉夫人」が小説のテーマとなった。国木田独歩にはじまり、すでに四人の作家がさまざまな「鎌倉夫人」に挑戦し、時代の規範に縛られない自立した女性の魅力を描き出した。

◇

「東慶寺の鐘。円覚寺の鐘よりもいくらか高く澄んだ音色は、かつて尼寺だった名残りのやさしさだろう。二つの鐘の間をぬって、左の方からも鐘がきこえてくる。建長寺や浄智寺のものだ。それらが間合いよく鳴り渡り、余韻を絡ませ合う」

女流作家杉本晴子による四作目の「鎌倉夫人」（かまくら春秋社）の一節である。

一九九六年一月から九九年三月にかけて、雑誌の連載で書き下ろしたものである。女性が書いた「鎌倉夫人」ははじめて。夫の裏切りで悶々とする中で、青春時代に駆け抜けて行った恋に目覚める。寺、海、山々。住んでいると忘れてしまう鎌倉の景観が美しい文章でしっとりと描かれている。

「男女のドロドロしたものだけをえがくということは絶対にしたくなかった。夫の立場、女の立場、娘の立場もどこかで許しあえるような微妙な感情を優しく描きたかった。やむにやまれず流されていく気持ちを主人公・沢木紘子は、大切に慈しんでいる」

国木田は一九〇二年（明治三十五年）、短編の「鎌倉夫人」を発表。愛人と鎌倉を散策中に別れた夫と再会する。愛人心にちょっとしたとまどいを感じながらも、過去にとらわれずさらりとやり過ごす。明治という時代の若々しさを感ずる作品である。三七年（昭和十二年）の深田久彌の中篇を経て、六五年には立原正秋が度肝を抜くプロットで、「鎌倉夫人」を描いた。

ペットのライオンが若宮大路を歩き、そのライオンに夫と愛人を食わせてしまうという設定である。三人とも鎌倉に住んだことがあり、鎌倉を舞台にした作品も少なくない。

「ある二人の方から鎌倉在住の女流作家に新しい『鎌倉夫人』を書いてもらいたいといわれた。立原のものも読んだ。ショッキングだった。そこで男性作家とは別の視点で書いてみようと思った。新しい時代の女性をモデルにして、鎌倉の枕詞でもある『星月夜』という形で連載を書き、それを出版する時に『鎌倉夫人』とした。それぞれの作品は三十五年、二十八年と間隔をおいて発表されている。私のものは本になったのが立原作品から三十五年目だった。前作は意識しなかった。女性の考え、生き方も変わってきている。でもいつの時代にも男女間の恋愛模様は複雑ではあるが、それに流されない女性を描きたかった」

女流新人賞受賞パーティーで姉の安西篤子さん（左）と（1989年）　杉本晴子氏提供

上海に生まれ、長い東京生活を経て、杉本は六四年に鎌倉に移ってきた。作家安西篤子は実姉。その姉が身近にいたので、ものを書くということが遠い世界のこととは思えなかった。主婦の生活にあきたらないところもあって、小説を書き始めた。八九年に「ビスクドール」で女流新人賞を受賞して新人作家として認められた。

◇

「子育てが終わってからの作家活動で二十年になる。これからも鎌倉を舞台にした創作活動をつづけていきたい。都会的なところが自然と同化している。季節感があって草花も豊富だし、一人でブラリと散策してはお茶を飲んで帰ってくる。そんな生活がたまらなく好きだ」

豊かな日々が杉本の作品を息づかせている。五作目の「鎌倉夫人」がいつの日か描かれるだろう。新しい時代の女性像を誰がどのように描くのであろうか。

（二〇〇二年七月一九日）

◆鎌倉と女性

歴史的には北条政子、静御前、東慶寺に入った天秀尼、英勝寺のお勝の方などが鎌倉にちなんだ女性として印象が強い。現代でイメージする「鎌倉夫人」という言葉には、上流階級に属し、美人であって、教養があり、気品がそなわっているという特性がある。別荘族が作り出した雰囲気である。別荘地として軽井沢、伊香保、大磯に比較されるが、文化としては、鎌倉は港・神戸を控えた芦屋に近い。横須賀軍港を通して海外のハイカラな匂いが入ってくる。最近の例でいえば、有島生馬の娘暁子、料理研究家・辰巳芳子さん、長谷高徳院の大黒・佐藤美智子さんがその代表的存在ではないか。（かまくら春秋社代表伊藤玄二郎氏＝談）

[第四部]

戦争の傷跡

茅ヶ崎海岸で上陸演習中のアメリカ軍(1953年11月16日)

首都防衛という特殊な任務を担った湘南は、
「戦争の世紀」にあって、
さまざまな戦争ドラマを残した。
とりわけ海軍鎮守府や
海軍工廠の所在地であった軍港横須賀は、
軍国日本の命運を握り、
敗戦へと向かう歩みを映し出していた。
銃後の人々にとっても
戦時の体験は
人生を大きく変える節目となった。
戦争の狭間を生き抜いてきた人々の体験は、
まさに日本の二十世紀の縮図でもある。

海軍の伝道

女性宣教師フィンチ◆サムライの心で聖書を説く

十九世紀末、海軍基地横須賀にキリスト教伝道のための「陸海軍人伝道義会」が設立され、日中戦争直前まで活動を続けた。異国の地で主に軍人対象に伝道活動をした米国人女性宣教師エステラ・フィンチの足跡は、市民や教会活動などを通じ、静かに語り継がれている。

「めくれた皮表紙を隣の子とちぎっていた。すると鋭い声がして怖い顔がすぐそばにあった。それは大切にしていた聖書で、二人はお尻をピシャピシャと叩かれた」

フィンチの残した日誌やポータブル・オルガンなど遺品を保管する海野涼子(64)(横須賀市大津在住)は、母千葉幾代から思い出をいろいろ聞かされてきた。母はフィンチと伝道活動を始めた牧師黒田惟信の娘で、結婚して伝道義会に住み、思い出も多い。

「母は十歳の時、死の直前のフィンチから枕もとに呼ばれ、『モスコフスキーのセレナーデ』『ユーモレスク』などレコードを何曲かかけた。部屋の外で美しい音色に聞き惚れていた母は、フィンチが死ぬことなど忘れていたという」

◇

フィンチは一八六九年(明治二年)、米ウィスコンシン州の小さな町で生まれた。億万長者カーネギーの養女に迎えられ、ニューヨークの神学校を卒業、二十四歳で超教派宣教師として日本に派遣される。フェリス女学院校長ポストの招聘なども断り、精力的に伝道に携わった。高田(新潟)で活動中、訪ねてきた黒田と話し合い、軍人伝道活動に心が動く。一度帰国して一年後の一八九九年、二人は伝道義会を設立した。

「フィンチは私の祖父(黒田)から日本史を学び、聖書のガリラヤ湖(琴の湖)にちなんで『琴湖』という雅号をもらって書にも親しんだ。部屋には明治天皇、皇太后の写真もかかげ、星田光代と日本名に改名するなど大の親日家となった。みな戦争で苦しんでいるのに、なぜ自分だけが傍観していられるか。みな兄弟ではないかという純粋な思いだったのだろう」

フィンチさんの墓(横須賀市の曹源寺)
海野涼子氏提供

活動に参加したのは、主に海軍機関学校の教官や生徒たちだった。フィンチは生徒たちを「ボーイズ」と呼び、生徒たちからは「マザー」と慕われた。無教会主義の内村鑑三とも親交を深め、「武士道的聖書研究会」の形で、キリストの教えを説いた。

日露戦争における日本海海戦の勝利などで皇国思想が強まるが、海軍特有の開明的な雰囲気もあって、伝道活動は佐世保、呉、舞鶴など他の軍港にも広がった。生徒や士官の日程に合わせた午後三時からの礼拝、武道による心身の鍛練のほか、施設は独身者や家族の逗留のためにも開放された。

だが一九二四年（大正十三年）にフィンチ、次いで三五年（昭和十年）黒田があいついで永眠し、翌年、三十七年間の伝道の歴史に幕を下ろした。「開設から三十三年間の来会者一万人、延べ十九万人。改宗者約千人」という記録もあり、伝道義会の影響の大きさを物語る。

海軍機関学校の生徒とカメラに収まるフィンチさん（後列左）（1907年）　海野涼子氏提供

◇

フィンチの時代の面影はなくなったが五二年、涼子の父、千葉愛爾（故人）は、ペリー提督が礼拝を行ったゆかりの地に久里浜教会を設立、牧師として伝道義会の精神を受け継いだ。九九年には百周年の記念礼拝が行われ、関係者や孫たちは、「心の時代」に思いを馳せた。

フィンチと伝道義会の心を受け継いで、陸海空自衛隊と関係者によるキリスト教組織コルネリオ会が五九年から活動を続け、二〇〇二年八月には東京で（軍人キリスト者会）アジア大会を開催する。

（二〇〇二・一・二五）

◆海軍機関学校

明治六年、海軍兵学寮（のちの兵学校）に設けられた機関科が前身。兵学校が築地から江田島に移り、さらに機関科が分離独立して明治二十六年、横須賀の海軍機関学校となった。「科学の発達に伴い、機関の進歩が著しく艦艇の推進はもちろん砲塔の旋回俯仰、操舵揚艇に至るまで機力によらなければならなくなった」情勢に対応する措置。海軍工廠があり、軍艦や商船の出入りが多い横須賀の地がえらばれた。関東大震災で焼失し、生徒科は江田島、舞鶴へと移転、練習科は海軍工機学校（のちの機関科術科学校）として独立した。（「横須賀と海軍」より）

第四部◇戦争の傷跡②

「軍艦」の軌跡

サミットで演奏◆新たな「戦争の時代の語り部」に

行進曲「軍艦」（「軍艦マーチ」または「軍艦行進曲」）は、軍国主義の遺産ではあるが、戦後もナツメロとして親しまれてきた。横須賀の記念艦「三笠」脇の「軍艦」記念碑は、初演以来百年の激動の歴史を刻印している。

「一九八三年（昭和五十八年）のウィリアムズバーグ・サミットでアメリカ陸軍軍楽隊が『軍艦』を演奏し、マスコミで大きな騒ぎとなった。結局米側が好意で演奏したということで収まったが、『軍艦』に対する偏見、無知が招いた騒ぎだった」

第十一代海上自衛隊東京音楽隊長として内外で演奏を指揮した谷村政次郎（63）（東京在住）は、騒ぎの渦中で自分が米海軍軍楽隊に贈呈した楽譜が回り回って、サミットで演奏されたことを知った。

◇

「軍艦」は谷村の大先輩にあたる作曲家瀬戸口藤吉（第四代海軍軍楽長）の代表曲だった。横須賀海兵団軍楽隊時代、作詞家鳥山啓の歌詞をわたされ、「軍艦」の作曲を任された。日清戦争で勝利し、海軍力増強が図られていた一九〇〇年（明治三十三年）、神戸沖の海軍大演習観艦式ではじめて演奏されたといわれる。日露戦争では連合艦隊旗艦の「三笠」などに乗り組んでいた軍楽隊によって演奏され、広く国民に愛唱されるようになった。だが瀬戸口は太平洋戦争開戦一か月前、「軍艦」の運命を知ることなく病没。日比谷公会堂で行われた追悼演奏会には山田耕筰、堀内敬三も参列、「軍艦」が演奏された。

日比谷公園にあった破壊直前の「軍艦」記念碑（1946年）沖為雄氏提供

追悼演奏会が行われた日比谷公園の旧音楽堂前には、戦時中に「軍艦」記念碑が建てられたが、敗戦に伴い四七年にこわされた。

「ロシアの極東代表部の圧力があったと聞いたことがある。軍国主義につながるような記念碑、銅像を壊せということらしかった。実際は東京都が『忠霊塔忠魂費撤去公告』に基づいて、解体撤去した」

谷村は「占領軍に配慮した東京都の処置」と推察している。その後も、「軍艦」はさまざまな論争の種となった。〝出生論争〟もあった。山口県出身の田中穂積こそ本当の作曲者とする説に対して、谷村は「海軍の精神的な土壌を考えると先輩が作ったものを後輩の作品だなんていえるわけはない。それに瀬戸口には『軍艦』に似た作品が多く、作風も似ている」と強く反論する。そして戦後の一億総ざんげムードの中で、「軍艦」は軍国主義のシンボルとなり、反戦論や平和運動の矢面に立たされてきた。

「サミット騒ぎの時は、『戦時中いやいやながら歌わされた』とか『今シンガポールで演奏したら総スカンを食う』などと文化人の見解があいついで報じられた。何の根拠もない話だった。フィリピンでもシンガポールでも『軍艦』を演奏してきたが、騒ぎは何もなかった」

初の管弦楽団編成による艦隊軍楽隊（２列目中央が瀬戸口軍楽長）（1911年）　谷村政次郎氏提供

◇

戦後「パチンコマーチ」として街中で鳴り響く時代を経て、「軍艦」は五九年、皇太子明仁親王殿下と正田美智子さんのご成婚パレードで檜舞台を飾った。六四年の東京オリンピック開会式でも海上自衛隊音楽隊は、「軍艦」を演奏している。

戦後解体された記念碑の破片は、横須賀の記念艦「三笠」舷側に展示され、近くの公園には九六年、旧海軍軍楽隊関係者が中心となって、「軍艦行進曲記念碑」が新設された。新たな「戦争の時代の語り部」である。

（二〇〇二年二月一五日）

◆軍歌・軍事歌謡

軍歌がブームを呼んだのは、日中戦争のころだった。「エログロもの」に代わって「戦時もの」が幅を利かせた。「露営の歌」（古関裕而作曲）が民間作曲家による軍事歌謡を代表し、「軍艦」が官製の軍歌を代表した。「海の詩人」といわれた海軍省報道部勤務の松島慶三が、大きな戦闘のたびに歌詞を創作し、海軍軍楽隊に作曲を依頼した。レコードもヒットが続き、マスコミも一般公募を呼びかけた。入選曲を陸海軍軍楽隊にもちこみ、「太平洋行進曲」「大東亜戦争海軍の歌」「陸軍の歌」などが生まれる。ＮＨＫの「海ゆかば」はアッツ島玉砕のときに初めて流れた。「兄三人が出征していたので、この曲が流れると兄貴は大丈夫かとむしろ暗澹たる気持ちに襲われた」（読者からの投書）。軍歌にも一人一人の思い出が詰まっている。

「三笠」の残影

軍国の栄光と屈辱越え◆戦後復興と共に復元

日露戦争の帰趨を決めた日本海海戦（一九〇五年）の連合艦隊（司令長官・東郷平八郎）旗艦だった戦艦三笠は、横須賀の白浜海岸に大正末期から保存され、軍国の興亡と戦後復興の軌跡を見守ってきた。だがその間、敗戦に伴い連合軍に接収され、米海軍の横須賀進出後の運命は、敗戦国の屈辱そのものであった。

◇

「牙と爪を抜かれたライオンのようになって、海岸に横たわり、小学生をして『河馬が寝ているようだ』と評せしめた」（豊田穣「戦艦三笠の生涯」）

廃棄処分こそ免れたものの、東郷の遺髪をはじめ艦内の記念品は大半が消えた。バルチック艦隊を翻弄させた主砲、副砲の撤去、煙突やマストなどの除去を条件に民間転用が可能になると、東郷の公室は「キャバレー・トーゴー」となり、ピンク・サービスの場と化した。朝鮮戦争が始まると艦内の鉄、銅、真鍮など金目のものはすべて売り飛ばされた。

「戦前、戦時の価値観がすべて否定された。三笠はまさに占領政策の犠牲だった。戦後派の私もいろいろな価値観にもまれて葛藤を余儀なくされた」

三笠公園のたたずまい＊

戦後、海上自衛隊第一期幹部候補生として入隊し、海将、横須賀地方総監などを歴任した後、三笠保存会理事長となった沖為雄(71)は、戦後の三笠の運命に思いを馳せる。

◇

一九〇二年（明治三十五年）、英国のビッカース造船所で竣工した新鋭艦三笠は、百歳を迎える。排水量約一万五千トン。推進力は当時の機関車と同じ蒸気のピストンエンジンで一万五千馬力。竣工当時は世界最強の戦艦の一つとされた。

日露戦争後、佐世保港で、後部火薬庫から出火して沈没。多数の死者を出した。第一次大戦ではシベリアの沿岸パトロールに参加したが、座礁してかつての敵国の港ウラジオストックで応急修理を受けた。記念艦として永久保存しようという閣議決定の後、一九二六年（大正十五年）十一月、記念艦三笠として復活した。工事完了に先立っ

米軍に接収された戦艦「三笠」の残影　三笠保存会提供

て三笠保存会が設立され、東郷は名誉会長となった。

　占領後、外国人の精神的支援もあって三笠は復元される。

　「かつて世界最強だった戦艦が今やコンクリートに埋設された廃墟となっていた。内装は荒廃し、幽霊のように朽ち果てていた。光陰矢の如し。かくて栄光は消え去りぬ」

　ビッカース造船所で三笠の進水、竣工を目撃した英国人ジョン・S・ルビンの「ニッポン・タイムズ」への投稿記事は、内外の反響を呼び、復元の動きに拍車をかけた。内外の寄付も支えとなって大砲などのレプリカも取り付けられ、六一年（昭和三十六年）に復元工事は完了した。

◇

　沖は記念艦三笠の見学者に自由記帳をしてもらっている。

　そのノートは十冊を超える。「戦争の歴史を美化してはいけない」という反戦感情、「大きいのにびっくりした」「かっこいい」という少年たちの邪気のない感想。

　「三笠誕生当時、日本は近代国家として独立して間がなく、帝国主義全盛の時代で、好むと好まざるとにかかわらず、富国強兵政策を取り入れ、自存自衛をまっとうした。三笠はそうした歴史を体現したモニュメントである。三笠を舞台に健全な国の健全な国民が持っていなければならない正しい歴史観を育んでいきたい」

　沖は密かに心に誓っている。

（二〇〇二年一月一一日）

◆東郷平八郎と逗子

逗子には祖父（平八郎）の別荘があった。二男の父がもらって住むようになった。海軍士官の父が朝鮮、大湊に転勤した期間をはさんで、私も逗子で育てられた。祖父も父にゆずるまでは東京・麹町が生活の本拠だったが、夏の避暑などに逗子にきていた。「デブドコ」といわれた太った床屋のおやじとクロダイを釣ったり、今はなくなった「なぎさホテル」の経営者の一人が親戚でよく酒も飲んでいたらしい。近くの橋は祖父にちなんで今も「東郷橋」と呼ばれる。二〇〇一年、庭に倒れていた石灯籠に「祝凱旋」と三字が掘り込んであるのを見つけ、日露戦争から帰った祖父に住民が贈ったものと思い、東郷神社に納めてもらった。

（孫の東郷忠二氏＝談）

第四部◇戦争の傷跡④

大陸の舞姫

ロシアから亡命のパブロバ◆統制下で「魂」伝える

亡命ロシア人バレリーナーが日中戦争の前線を慰問公演中、顔面の炎症がもとで急死した。教え子の少女は戦時下の締め付けが厳しくなる中で師を失ったバレエ教室を必死に守ろうとした。戦争は芸術の世界をも蝕んだ。

エリアナ・パブロバら母子三人は一九一九年（大正八年）ロシア革命の混乱を逃れて亡命してきた。横浜に移住した一家は、生活を支えるためにダンス教室を開いたが、まもなく関東大震災に遭遇して上海に避難するなど時代の激流に翻弄された。二八年（昭和三年）一家は七里ガ浜（鎌倉）にバレエ教室を作り、日本のバレエ発祥の地ともいわれるようになる。

◇

日中戦争が始まると戦時色が次第に強まり、外国人への監視も厳しくなった。だがエリアナは帰化して霧島エリ子を名乗り、バレエ指導、公演活動を続けた。そして日米開戦直前、軍属として戦地慰問公演のため中国を訪れた。逗子在住のバレリーナー大滝愛子は一通の電報でエリアナの急死を知った。

「ヒダリガンメン（左顔面）ホウカシキエン（蜂窩織炎）ニテシス（死す）」というカタカナの電文を理解できるまで、小学生の大滝には時間が必要だった。大滝はこうしてエリアナの「最後の教え子」となる。

「お手伝いをするため、いつもより少し早めに教室に行ったところ、妹のナデジタ先生がオロオロしながら電報を手渡し、『読んでくれ』といった。カタカナなので、読めるはずだが、その内容が信じられなかったのだろう。改めて先生の死を知り、肩を抱き合って泣いたことをはっきりと覚えている。公演前のドウラン化粧で黴菌が入ったらしい。『瀕死の白鳥』を踊り終わったところで倒れたと後になって聞かされた。『日本で生活しているので、日本の

バレエの指導に生涯を賭けた
エリアナ・パブロバ
大滝愛子氏提供

ために尽くしたい』というのが、先生の口ぐせだった」

開戦で文化活動や娯楽も統制され、バレエも表立った活動はできなくなった。大滝は最年少の助教師として残されたパブロバ母子を助けてバレエ教室を守った。

◇

「とにかく二人を助けなくてはと子供心に気持ちを引き締めた。だがレッスン中の教室に投石される。憲兵が床下にもぐりこんで、部屋の様子を探っていたこともあった。ロシア風の立派な屋敷だったが、欧米人でなくても白い目で見られる時代。モダンダンスを踊り、無声映画の弁士でもあった父が影ながら励ましてくれた」

パブロバの心を伝える大滝愛子さん

大滝は東京女子高等師範学校（現御茶の水女子大）に進んで五か月足らずで終戦を迎えた。バレエへの情熱が再び燃えたぎった。終戦の年の十二月、横須賀に設立した「大滝バレエ研究所」を拠点にバレエ指導にあたった。そして教え子だった米軍士官の親が保証人となって、ニューヨークにバレエ留学した。帰国後、宝塚歌劇団に招かれ、多くのタカラジェンヌを育てる一方で、意欲的な創作活動を続けてきた。

◇

大滝の心には「バレエとは魂」というエリアナの言葉が鮮明に刻み込まれている。

「エリアナ先生の踊る創作舞踊『梅』を見ていた時、先生の言わんとしていたことがひらめいた。寒い冬、梅がぱっと開花する。そして寒さにしぼむ。ほとんど動かない。飛んだり跳ねたりするだけではない。瞬間にこそバレエの真髄がある。先生のいわれたバレエの魂を伝えていきたい」

戦争の影のもとでバレエを学んだ大滝は、日本人最高齢の現役として踊りつづけ、エリアナの心を伝え、若い世代のバレリーナーを育てている。

（二〇〇一年一一月二三日）

◆ナデジタと私

エリアナ・パブロバの教え子の一人だった貝谷八百子バレエ団で戦後、初めてバレエに接した。そして先輩の勧めで、六六年から妹のナデジタ先生と一緒に七里ガ浜のバレエ教室で教えるようになった。教室から見る相模湾の夕陽が忘れられない。お姉さん、お母さんに続いてナデジタ先生も八二年に病死。今はバレエ教室は面影もなく、鎌倉の資産家が建立した記念碑だけが残っている。毎年エリアナ・パブロバを記念する公演を続けてきたが、二〇〇一年五月に没後六十年の記念公演を鎌倉市と鎌倉バレエ祭実行委員会で鎌倉芸術館で開いた。（バレエ教室主宰・長畑京子さん＝談）

第四部◇戦争の傷跡⑤

良心のリスト

爆撃から古都守る◆ウォーナーのメッセージ

古都を爆撃から守ろうというハーバード大学講師ラングドン・ウォーナーら米美術界の訴えがきっかけの一つとなって、京都・奈良とともに鎌倉も戦災を免れたとされる。古都救出については異論も続出したが、伝統美術や歴史保存の理念は、戦後世代に語り継がれてきた。

「戦禍から守られた鎌倉の美しい自然と文化財に目を向け、新しい町づくりのあり方を考える好機にしたい」

古都保存、歴史の町づくりを図ろうと一九一五年（大正四年）に創設された「鎌倉同人会」は、ウォーナーの尽力を偲ぶ記念碑建立を計画した。高徳院住職佐藤密雄、日本画家小倉遊亀、平山郁夫、作家永井龍男ら鎌倉の知識人や住職らが参画し、八七年四月、鎌倉駅西口時計塔広場に完成する。御影石の石碑にはウォーナーのレリーフと「文化は戦争に優先する」という理念がくっきりと彫り込まれた。

◇

ハーバード大学を卒業後、一九〇四年に来日したウォーナーは東京美術学校の岡倉天心のもとで日本古美術の調査、研究を行った。文部省編纂の「国宝帖」を英訳し、古美術の海外紹介にも尽くしている。天皇に親書を送るようルーズベルト大統領に進言するなど開戦阻止に向けて奔走した。

太平洋戦争末期、米軍の本土爆撃が本格化してくると、ウォーナーは米美術界の代表たちと、全国的な重要文化財リストをつくり、「戦争地域における芸術的歴史的建造物の保護救済のための委員会（ロバーツ委員会）」に提出した。そして「米軍はリストに基づいて非爆撃地区を設けたので、（鎌倉をはじめ）多くの日本の文化財が戦禍から救われた」（記念碑建立趣意書）とされてきた。

◇

記念碑建立に当たって鎌倉同人会が入手した米軍リストには、都市名とともに保存すべき寺社仏閣、文化財が明示されている。「京都」と「奈良」については保護対象は数多いが、「鎌倉」は「円覚寺舎利殿」だけ。「十三世紀鎌倉時代の木造建築。中国風建築のなごりをとどめる」と説明されている。県内では「小田原」（実際は南足柄市）の「最乗寺」もリストアップされていた。リスト作成にかかわった「ハーバード・グループ」一覧には日本、朝鮮地区担当としてウォーナーの名前が明記されている。

　だが米国が日本の文化財を尊重したからこそ、古都は破壊を免れたという太平洋戦争の「常識」には反論もあいついだ。

「都市爆撃の目標として、日本の百八十都市がリストアップされていた。人口の多い都市順で東京はもちろんトップ、奈良（八十番目）、鎌倉（百二十四番目）も例外扱いはされていない。京都は原爆投下目標として『温存』されていただけ」（石井喬『鎌倉に異国を歩く』）

ウォーナー博士の身内も参加した記念碑の完工式（1987年）
鎌倉同人会提供

　リストにある「円覚寺舎利殿」の保護という口実で「鎌倉」が救われたといえるのか。現にリストで「最乗寺」の所在地とされた「小田原」は、戦災被害を受けている。

「ウォーナー博士の理念が実際に京都、奈良とともに鎌倉を救ったのかどうかは、史実としてはあやふやなところがあるだろう。でも博士の理念を検証することによって、激動する国際社会にあって古都の歴史や文化財をどのように次世代に引き継いでいったらいいのかを学ぶべきである」

　石碑建立のために奔走した鎌倉同人会副会長今田正廣(75)は、ウォーナーの遺訓を二十一世紀の古都を守るメッセージとして受け止めている。

（二〇〇二年一月一八日）

◆鎌倉同人会

　横須賀線の開通、海水浴場としてのブームなどで鎌倉が別荘、療養地になった大正はじめ、明治の元勲陸奥宗光の嫡男広吉が外交官を辞めて、療養のため鎌倉にやってきた。史跡が豊富で若宮大路の松並木も見事だが、郵便局もなければ駅もお粗末だとして、有志を募って街をよくしようと鎌倉同人会を創設した。外交官荒川巳次、東京美術学校教授黒田清輝、さらに鎌倉に居住していた陸海軍将官たちが賛同して活動が始まる。国宝館や源実朝顕彰碑建設、戦時中は中断したものの、最近では史跡めぐりなど古都の歴史と密着した活動を続け、八十七年になる。

（今田正廣氏＝談）

第四部◇戦争の傷跡⑥

要塞の島

東京湾防衛計画で設置◆今は面影なく封印

戦前から戦時へと三浦半島先端の城ヶ島は、東京湾防衛の最前線だった。戦災を免れた島民にとって、砲台や地下壕は数少ない戦争モニュメントだったが、世代交代が進み、〝要塞の島〟の記憶は風化しつつある。

◇

「半球型の壕の中に宇宙船を小さくしたような電気計算機があった。計算したものを機械に読み込ませる。そろばんではなく筆算で着弾の距離を計算していたようだった」

戦時に旧制横須賀中学から神奈川師範学校に進んだ脇坂護(74)(三浦市小網代在住)にとって、故郷の城ヶ島は要塞の思い出と切り離せない。

「大島、洲崎、三崎の砲台と協力し南方海上の敵艦船を撃破し、相模湾を火制し、横須賀軍港を掩護」(東京湾要塞復旧要領)――日清戦争(一八九四年)、日露戦争(一九〇四年)をきっかけに三浦半島では急速に要塞化が進み、堡塁、砲台、海堡が建設された。城ヶ島要塞は一九二四年(大正十三年)、東京湾寄りの台地に設置された。学徒動員で藤沢の軍需工場で働いていた間に終戦を迎え、脇坂は線路伝いに歩き、バスに乗り継いで城ヶ島に戻った。

「兵隊が引き上げてもぬけの殻となった砲台に行って、リフトで、地下壕に入った。黄色い電話線がはりめぐらされ、テレフェンケンと書かれたドイツ製の電話機が放置されていた。砲弾がずらっと並んでおり、長さ一メートルもある真鍮の火薬用容器も山積みされていた。部隊は撤去の際に島民にただでくれたが、頑丈だけで使い物にはならなかった」

◇

要塞の島の戦後史は米兵との遭遇に始まった。日本の無条件降伏直後の八月末には、大艦隊が相模湾に集結、マッカーサー元帥の厚木入りで、米軍の本土進駐が本格化する。だが進駐に先立って城ヶ島には米兵が姿を現した。

「終戦一週間ぐらい後だった。三人の米兵が私の実家の常光寺をめがけて道路を駆け上ってきた。その様子を私は窓から覗いていた。下のほうでは子供や女たちが『アメリカ兵が来た』と騒いでいた。住民が集まってくると米兵は腰のピストルの安全ピンをぱちっとはずした。米兵も怖かったのだと思う」

　旧制中学で学んだ英会話で、脇坂が米兵との折衝に当たった。米兵は入れ替わりに五人ほどのグループでやってきて、要塞施設を拠点として駐留する構えだった。

県立公園になった要塞跡＊

「寺にやってきては魚や食料品の注文をする。私は『ボーイズ』と呼ばれて便利に使われた。横須賀駐留が始まるとジープにも乗せて連れて行ってくれた。すごいスピードで怖かったが、日本人はみな羨望のまなざしだった。粉末コーヒー、ビスケット、ジュースにタバコとマッチまでセットで入ったラションという弁当をくれたのが嬉しかった」

先端が切断された砲台
（1945年終戦時）
脇坂護氏提供

◇

　島に来た米兵はマッカーサーの到着の事前調査の役割を担っているようだった。まもなく脇坂は師範学校の寮に戻り、週末に城ヶ島に帰った。そのころから砲台と要塞の施設撤去が本格化した。

「闇業者が出没して、鉄の船などを分解して持ち去る。地下壕にトタンと釘が隠匿されているというので、島民総出で探したが跡形もなかった。残留品の中にオキアミの樽詰があり、貴重な蛋白源となった」

　要塞跡は五八年末、県立公園となった。駐車場の真ん中にある小さな花壇が旧要塞地下壕の入口。戦争の跡は敷石で封印されていた。


（二〇〇一年一一月三〇日）

◆東京湾要塞

　首都東京と横須賀軍港を防衛するため、東京湾に侵入を図る敵艦艇を撃退する目的で、三浦半島の要塞化が進んだ。まず一八八〇年（明治十三年）に観音崎第一砲台が完成。横須賀軍港近辺の猿島、対岸の富津にもあいついで要塞が建設された。猿島（横須賀）要塞は、明治期の初期要塞の面影を残す本格的な赤レンガ造の貴重な建造物である。弥生式時代に遡る埋蔵文化財とともに近代の要塞の島としての歴史も取り込んで観光スポットとしててこ入れされてきた。新世代の若者たちに戦争の歴史を語り継ぐため、城ヶ島要塞を戦跡の一つとして保存しようという動きも出始めている。

電探の海

作戦支えた技師の腕◆空襲下の技術改良

戦時の迎撃や空襲警報に先立ち、敵機の情報収集の最前線で活動していたのは、電探（電波探信儀）といわれたレーダーだった。電探技術開発こそ、若き民間技師の戦争であった。鎌倉市今泉台在住の荒井和勇(76)は一九四一年（昭和十六年）春、工業学校電気科を卒業して海軍技術研究所に合格、電気研究部に配属された。

「所内の空気に馴染んだころ、野比海岸（横須賀）にある海軍機雷学校に長期出張し、開戦直前という微妙な時期に自分に課せられた仕事が電探開発であることを初めて知った。人家もまったくなく、白い砂浜が印象的だった。

エコーを捕捉して、敵機の位置を確認する。敵機までの距離、高度をどこまで鮮明にキャッチできるか。改良の余地はいくらでもあった。五、六機編隊の艦上爆撃機が目の前の海面に立てた旗ざおを目標に、大型魚雷を投下する訓練も行われていた。真珠湾奇襲を想定した訓練だったのだろうか」

◇

最新の電探技術情報が南方最前線からもたらされ、技術開発は一段と熱を帯びてきた。シンガポール占領で押収した「電波兵器」は射撃用電波標定機で、日本では顧みられなかった八木アンテナが活用されていた。フィリピンの米軍拠点コレヒドール島からは、最新の電波警戒機が戦利品として持ち込まれ、技術開発の一翼を担った。

開戦と前後して太東崎（千葉）に陸上用対空見張電波探信儀が設置されると機器調整、電測兵の電探操作のための実地教育にあたり、日夜監視を続けた。佐世保で電探を設置した第5艦隊旗艦「那智」がアリューシャン列島に向けて日本海を北上した時には、乗艦して大湊要港（青森）まで訓練を続けた。

「艦砲の一斉射撃訓練では、振動で送信機の真空管が故障した。日本の真空管は性能が悪く、寿命が短いといわれていたが、それを目の当たりにして技術の遅れを実感した。徐々に性能向上したものの、米英の探知能力には遠く及ばなかった。改良品の装備と操作技術の徹底のため、横須賀、呉などに出張するのが日常となった」

皮肉なことに電探技術がもっとも重視されたのは、戦争末期に本土空襲が日常化してからのことだった。

「東京大空襲も含めて、敵機の情報を入手する最先端にいるのが、電探のチームであった。電探からの情報で陸軍東部方面軍などが空襲警報を発令した。実験を重ね、技術的な改良をして、電探技術を兵器にする仕事をメーカーへ発注する。当時としては最先端産業であるが、終戦間際になって全体的に生産レベルがダウンしても、電探などの技術的なところは、最後まで叱咤激励されて続いた」

荒井さんらが電探（最上部）をとりつけた「那智」（1943年）　長嶺公成氏提供

◇

荒井は終戦を海軍技術研究所の職場で迎えた。米軍が沖縄本島に上陸した四五年四月には艦艇は多数撃沈されて、電探設営の現場での仕事も極端に減っていた。荒井は「部内の空気から終戦が間近だとは肌で知っていたが、玉音放送でこれから日本はどうなるのかという思いで、全員沈痛な面持ちだった」という。

荒井は春になったら思い出深い野比海岸を歩いて、「この先の太平洋で激しい戦争があったんだよ。二十一世紀は戦争のない時代になってもらいたいね」と孫に平和への思いを託そうと思っている。

（二〇〇一年一一月一六日）

◆海軍技術研究所

兵器の質の向上を図るため海軍艦形試験場、航空機試験場、造兵廠を統合し、二三年に発足したが、大震災で被害を受け、目黒の旧海軍火薬製造所跡に移転（施設は三〇年に完工）。理学、化学、電気（無線を含む）など専門分野に分かれて基礎・応用研究を行った。「ワシントン条約」（二二年）に次ぐ「ロンドン軍縮条約」（三〇年）で軍艦の保存量は制限されたが、戦力となる艦艇用兵器・装備品の開発競争はかえって激しくなった。「電探なくして戦争突入は無謀の極み」という伊藤庸二大佐の下で電探研究が加速される。

（「海軍技術研究所」著者・中川靖造氏＝談）

海軍料亭の揮毫

提督や将官出入りの「小松」◆国際情勢が経営を左右

日露戦争の連合艦隊司令長官・東郷平八郎、太平洋戦争の海軍大将・山本五十六、井上成美ら日本の戦争の歴史に名を残す提督や海軍将官が出入りした横須賀の料亭「小松」は、歴史の裏方として海軍の町の変貌を見守ってきた。

「加藤（寛治）さん（海軍大将）と副官の安藤（隆）さんが遅くまでお酒を召し上がって、そのままおやすみになられましたので、翌朝お起しに参りますと、安藤さんが加藤さんのお顔の上に足を乗せてお休みになっておられた。このように加藤さんは安藤さんに頭が上がりませんでした」（防衛大交友会誌「小原台」）

「小松」の二代目女将・山本直枝（93）の体験談である。元防大教授（海戦史）平間洋一は、生きた歴史を学ばせようと、退職するまで毎年二月、学生、留学生を「小松」に連れて行った。高級料亭の雰囲気や味だけでなく、歴史の生き証人である女将の体験を聞かせた。学生の一人はロンドン海軍軍縮条約に反対した「艦隊派」筆頭の提督の素顔を知って強い印象を受け、交友会誌に記録を残した。

◇

横須賀は一八八四年（明治十七年）に鎮守府（所轄海軍区の警備・防衛、所属部隊の監督機関）、一九〇三年（明治三十六年）には条例が改定されて海軍工廠が設立され、基地の街の歴史が刻まれた。「小松」は海軍草創期の一八八五年に開業した。「如日月光明」（東郷平八郎）、「和気満堂」（山本五十六）、「酌酒和風」（米内光政）と二代にわたる女将が親しくした歴代提督や将官の揮毫が、かけがえのない家宝として保存されている。

「小松」女将の山本直枝さん＊

「小松」の経営は国際情勢に大きく左右された。日露戦争には勝ったものの、賠償金は入らず、国債が乱発された。米国の大恐慌は日本の対外貿易にも影を投げかけ、不景気は深刻化し、

海軍要人の揮毫が家宝として伝わる＊

旧館は営業停止に追い込まれる。「小松」の名前が消えることを惜しむなじみ客の要請で再建中の二三年（大正十二年）九月、今度は関東大震災に見舞われた。何とか倒壊を免れ、震災二か月後に営業を再開した。そして日中戦争を経て四一年末、太平洋戦争が始まった。

「開戦翌年、軍の要請でトラック島に支店を出した。私も芸者を十人ほど連れて行った。トラックに行くのはみなの憧れだったが、空襲で何人かなくした。かわいそうなことをした」

逗子の材木店から養子縁組して二代目女将となった山本は、トラック島の体験を語る時、いつも痛恨の思いにかられる。

敗戦で海軍工廠が姿を消すと、軍港の面影も大きく変わり、「小松」は占領軍の指定料亭となった。

「ごひいきの井上成美（当時第四艦隊司令長官）さんは戦後、長井（横須賀）に隠遁され、厳しい生活を送っておられた。米軍将校さんたちの接待の必要もあったので、井上さんにお願いして従業員に英語を教えてもらった」

◇

「小松」は提督や将校などもっぱら海軍に支えられてきたが、終戦で横須賀に米極東海軍司令部が設置されると、実質的な米軍将校クラブとなる。だが占領が終わると、開業百年を迎える老舗にも時代の波が押し寄せてきた。

「初代の女将の米寿を記念して大広間に八十八枚のたたみを敷き詰めた。毎年年末にすべて張り替えて新年を迎える慣わしだったが、今では三年おき。国家公務員倫理法が成立すると、接待客もめっきり減った」

二代目の甥の現社長山本喬士は、東郷平八郎にちなんで「東郷ビール」を発売するなど新しい時代の「小松」のイメージ作りに奔走する。

（二〇〇一年一二月一四日）

◆海軍と横須賀

海軍基地としての横須賀の歴史には「光と影」がある。黒船の来航から開国に至るアメリカ、技術・文明開化をもたらした英仏両国が近代日本の先達として「海軍の町」の近代化に影響をもたらした。大津女学校（現大津高校）のセーラー服は英国水兵のジョンベラ。汐入にある日本最初の天文台は「フランス積み」のレンガ造り。西欧音楽は「ブラスバンド発祥の地」横須賀の歴史に残された。教育、商業、医療、文学などさまざまな領域で、海軍は文明開化の媒体になったといえる。こうしたコンセプトで横須賀に海事資料館を建設すべきだと運動している。（元防大教授・平間洋一氏＝談）

第四部◇戦争の傷跡⑨

伊号の終戦

回天特攻が最後の任務◆海軍精神は人生の羅針盤

海軍兵学校〈江田島〉入学直後に見学した「六号潜水艇」が潜水艦人生の始まりだった。開戦前から終戦まで海中の作戦に終始した海軍将校は戦後も海上自衛隊で潜水艦とかかわり続けた。

潜水艦長として終戦を迎えた今西三郎(82)(鎌倉市浄明寺在住)は二〇〇〇年秋、佐世保での戦友会の後、妻とともに平戸を訪れた。松浦藩旧家の仏壇で海軍士官の遺影を目にした際、「潜水艦の機関長だった夫です」という案内役の老女の言葉に息を呑んだ。

老女が口にした「伊52」は、目的地のドイツを目前に米機の魚雷攻撃を受けて、大戦末期に大西洋で撃沈された潜水艦である。しかも戦友会に出発する直前、今西の手許には戦友から、米誌掲載の深海に眠る「伊52」の写真コピーが送られてきたばかりであった。今西はさっそくコピーを平戸に送った。潜水艦とともに戦争を体験してきた今西には、偶然とはいえ、忘れがたい思い出となった。

◇

二・二六事件後の三六年四月、今西は京都の山村の中学から海軍兵学校に進んだ。

「戦闘機に乗るには運動神経が鈍いし、船酔いにも強くなかった。そこで海中をゆく潜水艦が向いているかなと思って、第三志望にしたら、それが目にとまった。江田島にいた豪放な潜水艦出身の教官の影響もあったらしい」

開戦時は第四艦隊潜水戦隊所属「呂62」で、南洋防衛とウェーキ島攻撃作戦の一翼を担った。四四年十一月、二十五歳で「呂63」の艦長となった。

「平時では潜水艦に乗って四年で艦長になるなんて考えられなかった。先輩が戦死したため、早く繰り上がったに過ぎない。緊張の毎日だったが、五年間の実戦体験を踏まえて徐々に自信がついた」

戦況の起死回生を図る回天特別攻撃隊の作戦行動が戦時最後の任務となった。「伊367」で出撃の朝、今西は五人の若い特攻隊員とともに写真を撮影して、大津島(徳山)の訓練基地を後にした。沖縄近海での作戦を終えて、基地に戻る途中、豊後水道宇和島沖で、玉音放送を聞いた。

「放送は雑音で聞き取れず、一時間後に届いた電報で敗戦を知った。長い戦争がこれで終わったのかとぼう然とした気持ちだった。同時に特攻隊員が全員無事帰れてよかったと思った。写真のことは忘れていたが、戦後二十数年たって、大津島記念館に展示されているのを知った」

出撃の朝、５人の特攻隊員とともに記念撮影した今西艦長（前列左から３人目）（1945年）　今西三郎氏提供

◇

戦後八年間のブランクを経て、今西は海上警備隊（海上自衛隊の前身）に入るため、郷里から横須賀に出てきた。米軍払い下げのパトロール・フリゲート艦（PFと上陸用舟艇（SLLS）で乗員訓練に当たることになり、潜水艦コースができると、MINGO（USS261）（日本名「黒潮」）から始まって七二年まで海上自衛隊潜水艦部隊の再興の一翼を担った。

「艦長として部下に接するには、人間関係などを考えると、精神面は剛健に、外形はスマートであることが大切だと思っていた。服装は清潔に、言動をつつしみ、女性を大事にするとの考えが不文律として生きていた」

戦後の一時期を除いてちょうど四半世紀に及ぶ人生を潜水艦とともに過ごしてきた今西だが、海を離れて三十五年以上たった今なお、江田島で身につけた海軍精神だけは消えることがない。

（二〇〇一年一一月九日）

◆深海の「伊52」

米国立公文書館の解禁文書によると、「伊52」は「四十九個の金属箱に収められた百四十六枚の金の延べ棒」のほかスズ、タングステン、モリブデン、さらにアヘン、モルヒネなどを積んで、呉を出港、ナチ・ドイツ制圧下のロリアン港（フランス）に向かった。ドイツ側からは原爆製造計画のため、酸化ウラン五百キロを受け取ることになっていたが四四年六月、大西洋で撃沈された。米・ロシア合同調査隊によって、九五年に水深五千百メートルの深海で残骸が確認された。九八年にはロシア潜水艇によって海底調査が行われ、遺品数点が回収された。

第四部◇戦争の傷跡⑩

飛べ風船爆弾

学徒勤労動員◆語られざる戦争の真実

一九四四年（昭和十九年）八月から四五年八月の敗戦まで、旧制中学校や高等女学校の学徒たちは授業を放棄させられ、集団で工場や農村に送り込まれた。小田原の女学生の一部は、終戦間際の劣勢を取り戻すために風船爆弾の材料を作った。学徒勤労動員の日常を報告する。

◇

「学校の体育館が作業場だった。楮《こうぞ》を乾燥したのが送られてきて、昇降口の水槽に浸して皮をむいた」

四四年四月に小田原高等女学校（現小田原城内高校）にはいり、終戦までの一年四か月間、授業そっちのけで、勤労動員に徴集された配島和子（小田原市曽比）の青春である。

「むき終わり、ある程度まとまると、きれいな洗い場に持って行って、交代で水洗いする。くみ置きの水はつめたく、ひびやあかぎれ、崩れたしもやけで、手が切れるように痛くなり、自由に動かなくなった。一枚一枚すのこの上に楮の皮を広げ、天日乾燥させる。乾燥具合をチェックした後に束にした。それが風船爆弾の原料になるというのは、はっきりとはいわれないまでも、うすうすは知っていた」

配島ら一年生は学校の雨天体操場を作業場として利用した。二年生の一部と、三年生は市内の小田原製紙に動員された。

材料作りも勤労動員の仕事（1945年）
林えいだい氏撮影

風船爆弾は和紙を張り合わせ、水素ガスを入れて膨らませた直径十メートルの大きな気球で、二キロ焼夷弾二個と十五キロ爆弾を吊り下げ偏西風に乗せて飛ばす。「風船」の頭文字から「ふ」号作戦と呼ばれ、四二年四月に日本本土を狙った初空襲に対する報復として、開発が進められた。

小田原高女の学徒勤労動員で行われたのは、風船爆弾を作る最初の工程だった。女学生の動員は製紙や気球張りだけではなかった。川崎の東芝工場では横浜の共立女学校の生徒たちによって爆弾投下装置（高度保持装置）の製造がなされていた。川崎の工場で完成した風船は、千葉県一宮、茨城県大津、福島県勿来に運び、飛ばされた。

「北アメリカの西部山岳地帯を始めアメリカ全土にわたり、米国民を動揺させようというものであった。生産された九千三百個のうち、アメリカに到着したのは約千個で、確認されたのは二八五個。戦争も終盤となった四五年に打ち上げられた風船爆弾は、アメリカ側の艦載機からの機銃掃射で、ほとんどが太平洋上で打ち落とされている」

完成間際の風船爆弾（1945年）　林えいだい氏撮影

　生徒が参加した風船爆弾について調査している横浜共立学園（共立女学校の後身）の教師、櫻井誠子は語る。

◇

　戦後五十年にあたる九五年、地域で教材を起こしていこうと「神奈川の学徒勤労動員を語る会」が発足。戦争証言を集めようというもので、運動は東日本一帯に広がり、当初四人で始めたのが今では会員百二十人ぐらいになった。

　「学徒たちが戦争を末端で支える構造である。激しい空襲に丸裸の身をさらし、劣悪な労働条件のもとで、食料も十分に与えられずに長期間にわたって労働を強要された。作業の厳しさ、食糧難、病気の蔓延、多くの犠牲者のことなど、さまざまな証言を聞くと、学徒勤労動員体制を肯定的にとらえることはできない」

　同会代表の笹谷幸司（海老名市在住、県立高校教諭）は、語られざる戦争の真実を明かしている。

（二〇〇二年四月一二日）

◆動員された学校

　空襲が激しくなると、神奈川県内の工場や軍施設は次々に郡部や県外へと移転した。小田原高等女学校のように風船爆弾用の和紙を製造するといった「学校工場」も設置された。横浜の間門国民学校の場合は、校舎の裏山に横穴壕を掘って東芝の「学校工場」を移設していた。横浜の山手の高台にあった私立女学校の中には、校舎を軍に接収されたり、海軍病院となった学校もあった。さらには藤沢高等女学校（現県立藤沢高校）や三崎高等女学校（現県立三崎高校）、横須賀中学校（現県立横須賀高校）、私立捜真女学校のように、兵舎や食糧備蓄所となった学校もある。（高文研刊「学徒勤労動員記録」より）

悲劇の軍艦

沈没の空母「信濃」思う父の悲しみ◆深さ伝える菩薩像

戦艦「大和」「武蔵」の姉妹艦として横須賀で建造された世界最大空母「信濃」は呉（広島）に回航中、米潜水艦の魚雷攻撃を受けて熊野灘沖で沈没した。悲運の空母は帝国海軍の土台骨を支えてきた海軍工廠の希望の星だった。

◇

「巨大なキラキラ光る艦腹が四つのプロペラを中空に空転させながら海面にのたうった。舷側や艦底湾曲部にしがみつく乗員の姿が海と空とに影絵を落とした」

工廠総務部長として「信濃」建造にかかわった海軍少将・坂上富平の次女（越智）紀久子（71）（横浜市都筑区在住）は、父の遺品として手書きの資料「信濃の悲劇」を大切に保管していた。魚雷攻撃を行った米潜水艦「アーチャー・フィッシュ」艦長エンラント（海軍中佐）手記の翻訳だった。

起死回生の願いを込めてわずか六か月で完成した公試排水量六万八千トンの巨大空母は、一九四四年十一月二十九日未明、四本の魚雷が命中して八時間後に沈没。手記は潜水艦が東京湾口で潜航作戦中にレーダーで「目標捕捉」した「信濃」の追尾を開始、八丈島南西で魚雷攻撃するまでの状況を克明に記している。

坂上は海軍機関学校を卒業して機関長として練習艦「八雲」などに乗艦。海軍兵学校教官を経て、「信濃」建造にかかわり、その最後を遭難直後に知らされた。

「工廠に届いた暗号電文は救援準備を求めていた。『どうも信濃らしい』というと工廠長は『しもうたな』と祈るがごとく目を閉じた」

紀久子の手許にある戦後の坂上の講演録は、「信濃」沈没時の工廠の情景を記していた。遭難は極秘扱いで、坂上は「真相を語ることのできないだけに身を切られるような苦しい思い、忘れ得ぬ悲しみであった」と本音も語った。

◇

「父は若いころ陸海軍人伝道義会でキリスト教信仰に触れた。優しい父だったが、仕事のことはまったく口にしたことはない。ましてや信濃については建造にたずさわっていたことすら知らなかった」

東京・柿の木坂の屋敷が四五年三月の空襲被害を受け、家族は坂上が単身で生活していた官舎に移ることになった。紀久子にとっては三か月足らずの横須賀鎮守府生活だったが、直前の信濃遭難とともに戦争の時代を走り抜けてきた父の思い出が詰まっている。

「戦況は厳しさを増し、帰宅後も電話で『敵機大鳥島上空通過』などと最新の情報が寄せられた。敵機が迫ってくると山の上の高射砲陣地からドンドンと砲弾が発射され、兵隊たちがぞろぞろ軍専用の防空壕に入っていくのが、官舎からも見えた」

開戦直前の坂上一家（向かって右端が紀久子さん、その斜め後ろが信彦さん）（1941年）　越智紀久子氏提供

東京湾を試験運転中の「信濃」（1944年）
広島県呉市企画部海軍博物館推進室提供

◇

坂上は後年、仏像の木彫に親しんだ。沈没した「信濃」や戦争で死んだ僚友たちへの鎮魂の意味も込めて、戦後は木彫を日課としていた。

「横須賀で勤務中、彫刻家の高村晴雲先生から父は二体の聖観世音菩薩像を贈られた。うち一体を遠洋航海時代の艦長と機関長という立場で親しかった宇垣纏中将に贈った。宇垣は終戦直後の最後の特攻攻撃を行ったが、父は菩薩像も一緒に沖縄の海に沈んでいると固く信じていた」

紀久子の兄、坂上信彦(76)は信仰に生きた父の思い出を語る。実質的なプロジェクトマネージャーとして「信濃」に人生を賭けた海軍士官と子供たち――横須賀軍港を舞台とした坂上父子の「戦争」は終わった。

（二〇〇二年二月二二日）

◆海軍士官勤務録

「0330ヨリ0500ニ亘リ予定ノ通リハワイ空襲ヲ決行セリ全軍予定ノ如ク概ネ北北西ニ離脱セリ當日反撃ニ来レル敵機ナク飛行艇若干ノ追蹤ヲ受ケタルノミ」。元海軍中佐（故人）の「勤務録」に張られた真珠湾奇襲の際の走り書き。開戦二週間前には作戦発動にあたっての「訓示」が記載されている。意見や批判、感想など海軍士官が記述を義務付けられた「極秘」文書である。「戦史の裏面史として貴重だ。通信、暗号、砲術などについて率直な考えを記し、各部隊で参考意見として海軍大臣にまで答申することもあった」（元海軍士官）という。（越智紀久子所蔵「勤務録」より）

第四部◇戦争の傷跡⑫

爆撃の痛恨

メールアドレスはb29◆辱めなく生き延びた米兵

一九四五年五月二十九日、B29爆撃機五百機と護衛のP51戦闘機百機は、横浜に大規模な空襲を行った。レーダー兵として爆撃に加わったブルース・ヤングクラスは、撃墜されたB29からパラシュートで脱出し、大船（鎌倉）の収容所で、捕虜として生き延びた。

◇

〝b29radar@……〟千葉県職員渡部洋（59）（千葉県四街道市）は、二〇〇一年一月ブルースが肺癌で死んだことを伝える息子のメールを見て目を疑った。突然の死を知った驚きだけではない。B29レーダー兵だったことを示すメールアドレスは、ブルースの勇者としての誇りだったのか。それとも大都市空襲で多くの市民の命を奪ったことへの懺悔の気持ちだったのか。

渡部は七二年から一年間、米中西部アイオワ州の地方都市フォトダッジ郊外の養豚農場で研修生活を送っていた。そこで隣町に住む農場主のブルースと知り合った。「背筋をピンと伸ばした英国流の紳士だった」と渡部は思い出を語る。

ブルースは戦争末期、B29に搭乗し、東京、名古屋の空襲にも参加していた。横浜大空襲で高射砲攻撃を浴びた搭乗機はエンジントラブルを起こし、救援の潜水艦が待機する九十九里浜沖に向かう途中墜落、乗員はパラシュートで脱出した。

「仲間と離れて一人だけで大多喜町（千葉）の山中に降下し、パラシュートや救命道具を茂みに隠して、十五キロほど山道を下りていくと肩にくわを担いだ農夫に会った」

九六年七月、運命をわけた地を確かめようと来日したブルースは、渡部らの案内で現場に向かった。記憶の糸をたぐりながら語るブルースの体験談は生々しかった。

「農夫がヤアとばかり手を挙げたので『ピース』の意味だと思って、同じように手を挙げた。農夫について村長の家へ行き、手まねで言われるままに油紙につつんだピストルを手渡した。出されたお茶を飲んでいると警官がきて、千葉の収容所に連行された」

九十九里浜沖への脱出ルートにあたる千葉、茨城県境には、墜落機からパラシュートで脱出した米兵があいついで降下した。ブルースは千葉のあと大森の収容所を経て、横須賀海軍警備隊植木分遣隊（大船）管轄の捕虜収容所に移送された。

「露天に便所があったためか、収容所周辺にはハエが多かった。二十五匹つかまえると、褒美としてシガレットを一本もらえた。歌も会話とみなされ、何気なく南北戦争のバラードを口ずさんでいると、激昂した看守に床に張り倒された」

B29で米本土を飛び立つ直前の米兵（前列左から３人目がヤングクラスさん）（1945年）ブルース・ヤングクラス氏提供

◇

大船収容所での生活についてブルースは、来日をきっかけにまとめた手記の中で、詳細に体験をつづっている。

「捕虜として守るべき指示を忠実に守っている限り、虐待の不安はまったくなかった。ただ家族に私がどうなっているのかを知らせることが出来ず、これが悩みの種だった」

大船収容所が過密になったため、ブルースは一時三沢（青森）に送られ、米艦からの艦砲射撃にもさらされた。再び大船に戻ってきた時、終戦を知らされた。九月はじめに横浜大空襲に参加したB29乗員十一人は、全員無事に帰国している。五十一年目にして捕囚の地を踏んだブルースは、大空襲の被害者に思いを馳せて涙を隠さなかった。そして収容所の屈辱の体験は一言も口にしなかった。

（二〇〇二年三月二二日）

◆捕虜送還作戦

進駐当初の空軍と海軍につづいて米太平洋陸軍第八軍が全国の捕虜や抑留者の収容作戦を展開した。まず国内の捕虜収容所に二十八部隊が派遣され、捕虜移送、食料や衣服の供給、医療活動を開始。解放された捕虜は横浜の病院で回復を図り、緊急を要するものは厚木から輸送機で沖縄、マニラに移送された。第八軍が一か月間で解放した捕虜は本州、北海道、四国の総数三万二千六百二十四人にのぼる。迅速な捕虜解放、移送はブラックリスト作戦に盛り込まれた日本進駐の目的の一つで、次いで捕虜虐待を追及する戦犯裁判の準備が始まる。

（大西比呂志「第二次世界大戦の終結と捕虜」より）

第四部◇戦争の傷跡⑬

火焔の工場

壊滅した軍事の街平塚◆戦後は平和産業へと転換

終戦一か月前の一九四五年七月十六日午後十一時三十二分、米軍B29戦略爆撃機編隊は、軍事工場が密集する平塚に烈しい空襲をあびせた。街は戦後、軍事産業から平和産業への構造転換を迫られ、戦争の影を払拭して新たな戦後史を歩んできた。

◇

「海軍技術将校の夫は海軍技術研究所で毒ガスなど秘密兵器研究に携わっていた」

石井賀千子（当時23歳）は市博物館普及活動グループ「平塚の空襲と戦災を記録する会」の聞き取り調査で証言を残している。

「警報のサイレンで夫は軍服に身を整え、線路を渡って海岸の方に逃げるようにと指示し、誘導してくれた。ざーっと雨の降るような音とともに焼夷《しょうい》弾《だん》が落ちてきた。国民服にゲートルを巻いた男の人が雑嚢《ざつのう》を枕にして死んでおり、尻に焼夷弾が刺さったブタが松林の中を逃げ回っていた」

技術研究所は日本における海軍の化学戦研究の唯一の施設だった。さらに市内には百以上の軍事工場が密集しており、早くから空襲準備が進められていた。米軍は四四年末から四五年五月にかけて四度にわたり、上空を偵察飛行し、航空写真を撮影。偵察に基づき、攻撃目標を明細に記した「標的情報シート」を作成した。写真には「第二火薬廠１３３６」「横須賀海軍工廠平塚分工場ＸＸＩ３０１１」など「標的番号」が付けられ、空襲は七月十六日に設定された。

「米国立公文書館から入手した航空写真には、平塚駅に近い旧国道1号線沿いにプラス印がついており、その攻撃中心点（ＭＰＩ点）から半径一・二キロの円が描かれている。その範囲に爆弾の五十%が落ちるように投下するというのが米軍の方針だった。工場は街全体に散在していたため、実際には

空撮した空襲後の平塚市街地（1945年）米国立公文書館蔵

1945年7月16日の空襲で焼失した平塚海軍火薬廠
米国防総省蔵

無差別爆撃となり、一時間四十分にわたり四十四万七千七百十六本という膨大な量の爆弾が投下された」（平塚市博物館学芸員・土井浩）

平塚空襲は、対象となった都市の人口規模としては八王子の空襲に次ぎ全国二番目の激しさで、投下爆弾の量では東京、横浜大空襲を上回る。「記録する会」が確認した死者は三百三十人。火薬廠に隣接する技術研究所や第二海軍航空廠などは壊滅状態だった。平塚は市街地の周辺が畑や田んぼで避難がしやすい上に、東京、横浜空襲の後で、住民には空襲警報と同時にすぐに避難するという知恵が備わっていた。このため焼死者は比較的少なく、死者は大半が焼夷弾の直撃によるものだった。

◇

「終戦後は技研で研究していた風船爆弾作成のための糊にするコンニャク粉が、石油缶に入れて食料用に配給された。また実験に使った木片で風呂をたいたところ、付着していた劇薬から毒ガスが発生し、のどを傷めた。戦後、夫は三菱化成に勤め始めたが、戦時の無理がたたってか、終戦一年後に死んだ」

石井は海軍技術将校一家の戦争体験を淡々と語っている。被爆を免れた「火薬廠」の一部は「冨士チタン」、「横浜ゴム」となり、「日本国際航空」は「日産車体」として戦後復興の基盤を整える。さらに航空機部品製造など軍事産業の末端を担っていた中小工場八十五社は、米軍の命令で平和産業への転換工場とされ、家具・建具、農機具、自動車部品製造などにたずさわった。

（二〇〇二年三月一五日）

◆軍事産業都市

一九〇五年海軍火薬廠の開設で平塚への軍事産業進出が加速した。国家管理の広大な遊休地があり、火薬製造のための原材料や製品の輸送が便利な上、地下水が容易に採取でき、横須賀軍港に近いことなどから火薬廠建設が決まった。さらに海軍技術研究所化学研究部、戦争が激化すると日本航空工業（のちの日本国際航空工業）、横須賀海軍工廠平塚分工場などがあいついで進出した。こうして戦前、戦時の平塚は軍事産業が基幹産業として定着。とくに研究施設が集中し、日本海軍の拠点である横須賀と密接に関係した都市として成長した。（「市民が探る平塚空襲」より）

第四部◇戦争の傷跡⑭

最後の空襲

終戦の朝◆米軍記録にない〝幻〟の惨劇

一九四五年（昭和二十年）八月十五日。「終戦の日」を迎えるその日未明、小田原の市街地は「最後の空襲」にさらされた。米軍の公式記録にもない幻の空襲だった。教員グループ「戦時下の小田原地方を記録する会」は、風化する戦争体験を静かに語り伝えてきた。

◇

「戦争の終わった日に、なぜ自分の家が焼かれなければならなかったのか。一人の少年（国民学校三年生）の素朴な割り切れない思いをどう説明したらいいのか。我が家に残る『焦げたはし箱』を戦争という巨大なジグゾーパズルの一片として語り伝えたい」

七〇年代に全国各地であいついで戦災や空襲を記録する会が生まれたが、小田原でも七九年八月十五日に戦争体験の記録を目的に、数人の教員によって設立された。被災者の一人足利裕之が遺した言葉「焦げたはし箱」は、「記録する会」の活動のキーワードとして、記録集（夢工房出版）のタイトルともなった。

「午前一時ごろだった。ぱーっと照明弾が落ちた。舞台装置のように明るくきれいだった。防空の支部長をやっていたので、表に飛び出し、『空襲だ』と声をかけても誰もいなかった。少したって油脂焼夷弾が落ちてきた。ちょうどアラレが落ちてくるようなバリバリという ひどい音だった。近くの芸妓屋にいた女性たち五人が焼死、荼毘に付した。私の家も燃えた。ミシンだけでも持ち出そうと思って戻ったものの中には入れなかった」（別の被災者証言）

「記録する会」が住民の証言をもとに作成した「空襲被災地図」によると、焼失地域は国道1号線をはさむ小田原市一丁田、青物町、万年町（現在の本町、浜町）におよび、「高井洋服・呉服店」「川久保家具」「木野村提灯屋」「軍人屋洋品店」や料亭、旅館などが被災した。また証言に基づいて、「記録する会」では、住民十二人の焼死を確認している。

マリアナ諸島を発進基地としたＢ29の本土空襲は、東京、横浜など大都市への絨毯爆撃に続いて、四五年六月以降は地方都市爆撃が中心となった。ところが米軍作成の公式記録「作戦任務報告書」には、小田原空襲は記載されていない。

小田原空襲で焼け落ちた古清水旅館（1945年）　古清水旅館提供

「なぜよりによって終戦の日に、という疑問はわれわれの活動の原点となった。記録に残る最後の熊谷、伊勢崎爆撃の帰路、B29が『落とし残し』の処理のため、たまたま上空を通過した際に小田原に爆弾を落としていったものと思う」

静岡県教委指導主事・井上弘(46)が語る小田原空襲は皮肉な運命のめぐりあわせだった。

「だが小田原は米軍が作成した百八十都市の爆撃リストの九十六番目にあげられており、市街地にP点（爆撃目標）を明示した米軍の航空写真もあり、戦争が長引いていたらいずれは空襲を受けていただろう」

◇

「記録する会」は活動を始めてから二十三年の間に「最後の空襲」だけでなく、戦時の教育や女学生の勤労動員など戦時の住民の体験を記録してきた。

「戦争の直接体験者が急速に少なくなりつつあるので、聞き取りの仕事も急がなくてはならない。二〇〇二年八月には総合的学習で活用できるブックレットとして『小田原地方の戦争を調べよう』をまとめた。教育現場で活かしたい。それに終戦直後に始まる混乱も直視しないと、戦争の真実はわからない。私たちの活動はむしろこれからだ」

戦争体験の風化が進む現実に「記録する会」代表の飯田耀子(68)は、強い危機感を募らせる。（被災証言は「市民が語る小田原地方の戦争」、「焦げたはし箱」より）

（二〇〇二年三月一日）

◆箱根のドイツ兵

一九四二年十一月末、ドイツ艦が横浜港で炎上し、帰国できなくなった百人を越すドイツ兵を箱根・芦之湯の旅館「松坂屋本店」が受け入れることになった。戦時中は海軍からの特別配給があったものの、家畜を飼ってソーセージやサラミを作り、ドイツ食文化を持ち込んだ。四四年八月から学童集団疎開が始まると、横浜の学童約百二十人が、一年間にわたってドイツ兵と一緒に過ごしている。

アコーデオンに合わせて「リリーマルレーン」を歌ったり、オペラ歌手が発声練習をするなどいろいろな思い出も残した。敗戦後の四七年二月、旅館の人たちに見送られて、帰国している。

（「焦げたはし箱」より）

第四部◇戦争の傷跡⑮

大島沖のランデブー

敗戦、接収、二度の払い下げ◆駆逐艦「初桜」波瀾の一生

太平洋戦争終結に伴う降伏調印式に先立って、米艦隊が江ノ島沖に集結した。二十歳の海軍士官が洋上で米艦を出迎えるという任務を帯びた。屈辱の体験だったが、「これが敗戦なのだ」と唇をかんだ。首都と東京湾を控える戦略要衝、本土防衛の地に刻まれたドラマである。

◇

「大砲、機銃は俯角一杯、つまりお辞儀させるよう指示されていたが出港後、米空母機数機が飛来して、マストすれすれで示威飛行を繰り返した」

終戦二週間後の一九四五年（昭和二十年）八月二十八日朝、葉山在住の左近允尚敏（76）（平和安全保障研究所研究委員）が航海長として乗り組んでいた駆逐艦「初桜」は、千葉・館山港（前日横須賀港から移動）を出港した。

「大島南東十六マイルの洋上で米艦隊と会合、参謀や水先案内にあたる若い士官たちを戦艦『ミズーリ』をはじめ米艦に送り込んだ。しばらく一緒に航行してから、横須賀に帰港した。米艦隊は江ノ島沖に投錨した。『ミズーリ』随行としてはいささか規模が大き過ぎると思ったが、恐らく威嚇の意味もあったのだろう。のちに目にした米誌に『随分みすぼらしい船だった』と書いてあったが、動けるのは『初桜』しかなかったのだから仕方なかった」

頭を下げて敵艦を出迎える。「負けたのだから仕方ない」と割り切ろうとは思いながら、左近允はみじめな気持ちを押さえることができなかった。「ミズーリ」は降伏調印式のため数日後、横浜・本牧沖に移った。

鹿児島生まれで、父子二代にわたり、「薩摩海軍」の血を受け継いだ。旧制横須賀中学を四年で切り上げ、海軍兵学校（江田島）に入学、海軍士官の道を歩み始めた。四四年十月二十五日、栗田艦隊の重巡洋艦「熊野」の航海士としてレイテ沖海戦に参加した。

米駆逐艦の魚雷を艦首に受けて落後した「熊野」は、二週間後に潜水艦魚雷二本を受けて大破、さらに二週間後ルソン島西岸で航空機の魚雷、爆弾を浴びて沈没、左近允は海に投げ出された。兄も駆逐艦「島風」がレイテ沖で沈没した際に戦死した。第十六戦隊司令官だった父は、レイテ輸送が成功したあと乗っていた軽巡「鬼怒」が沈ん

だ。左近允はほぼ同じ時期に父子三人とも乗艦を失うという厳しい現実をかみしめた。

◇

レイテ沖海戦に続く大島沖での米艦隊とのランデブーは、「人生を塗り替える強烈な体験」となった。その後、「初桜」も激流に押し流された。一時米軍に接収されたが、復員兵輸送のため、まもなく日本側に返還された。米艦出迎えから一か月後、鹿児島に帰郷中の左近允の下に、復員業務のため、帰任指令が届く。

「初桜の船内はめちゃくちゃだった。航海に必要な羅針儀もなくなっていた。米軍が持ち去ったらしい。磁器製のあまり当てにならない機器を調達して、ポナペ、ラバウル、ヤップ、バンコックから復員兵を運んだ」

復員業務を終えた左近允は四六年九月、「初桜」と別れた。復員輸送に従事した艦艇はソ連、中国などに無償で提供され、「初桜」も四七年にソ連に手渡されている。

「その後どんな運命をたどったのか。各国所有の艦艇を網羅するジェーン年鑑からも消えた。まだ生き長らえているのだろうか」

敗戦から戦後処理へと激動をともにした「初桜」は、かけがえのない戦友でもある。左近允は戦後海上自衛隊(当時は海上警備隊)に入り、統合幕僚会議事務局長などを歴任(海将)した。時折、元乗員たちで作る「初桜会」が開かれ、波瀾の一生が語り継がれている。

(二〇〇一年一〇月二六日)

相模湾のブラックストン号から富士山を眺める海兵隊員たち
(1945年8月28日) マッカーサー記念館蔵・茅ヶ崎市役所文化推進課提供

◆ミズーリ号

一九四四年一月末、ニューヨーク・ブルックリンの米海軍造船所で進水した。当時ミズーリ州選出の上院議員だったハリー・S・トルーマンが進水式の主役で、「ミズーリ号」と命名された。硫黄島作戦など数々の作戦活動の後、四五年九月二日東京湾での歴史的調印式を行う栄光の艦に選ばれた。五〇年米国唯一の戦艦として朝鮮戦争に参加。一度退役後、八六年に米海軍近代化計画の一環として現役復帰。八七年にはイラン・イラク戦争の続くペルシャ湾へ出動、九一年の湾岸戦争ではトマホーク・ミサイルを発射した。九二年三月、「世界でもっとも歴史に残る戦艦」として退役した。(九五年横須賀日米協会など主催の「ペリー来航とミズーリ号展」より)

第四部◇戦争の傷跡⑯

マッカーサーの道

大山街道の老舗呉服店◆戦時中に航空隊員と交流

街道が歴史を作った。呉服洋品店経営の青木宗茂(80)(藤沢市高倉)は、大山(神奈川県伊勢原市)詣の街道筋で二十世紀の変転を体験し、道を切り開いてきた。

「大山街道と滝山街道が交差する藪鼻宿は、昔から大山への参詣客が行き来していた。もとは参詣客の利用をあてにした旅籠屋で、素泊まり客が多く、三十軒ぐらいの小さな集落であった」

◇

一八九四年(明治二十七年)、祖父・美濃口宗太郎は旅籠を続けながら呉服をはじめた。羽根沢屋は開業百十年の老舗である。長後街道は海軍厚木飛行場の表玄関であり、相模野航空隊という戦闘機整備部隊がおかれていた。将校たちは小田急線長後駅を下りて、羽根沢屋を横目で見ながら航空隊に向かった。一九四三年(昭和十八年)、戦争で繊維取引ができなくなり、空き家になっていたため、士官クラブとして店を貸すことになった。

「士官クラブとはいっても連絡所みたいなもので、疲れたからといってちょっと休んでいくようなところであった。そのうち航空隊にゆかりのある中尉や司令などが借家として使うようになった。クラブへの士官たちの出入りを通じて、私も航空隊の内情をいろいろ聞くことができた」

やがて仕官クラブの縁で、航空隊の叙位叙勲係として勤務。二か月後召集令状を受け、前線に向かうことになった。

「戦争に送り出すときの一つの儀式であった。司令部から正門まで百メートルはあったろうか。五十~六十人の軍人が両側に並んで、みな黙々と帽子

旧満州に出征する青木さん(前列中央) (1943年)
青木宗茂氏提供

厚木に着いたマッカーサーを迎える先遣隊
（1945年８月30日）　米国防総省蔵

を振って見送ってくれた。みな士官クラブの顔見知りで、なじみを送るという意味もあったのであろう。感激で胸がいっぱいになった。横須賀重砲連隊に入り、門司経由で牡丹江省（旧満州）にわたった」

甲幹試験に合格し、幹部候補生として一年後、横須賀重砲兵学校に戻り、観測の訓練を続けた。最後の戦時体験は東京湾要塞（千葉・鋸山）での観測壕の掘削である。子爵細川興治の長男、興賢と一緒に近くの村に借家住まいして、鋸山に通った。

「坑内は高さ一・八メートルほどで、傾斜がきつく、一人か二人がやっと通れるぐらいの狭さ。当時は照明に使っていたカーバイドが少なくなり、作業もとどこおりがち。『実家にカーバイドがあるものは、一泊してもいいから帰って持ってこい』といわれた。とりあえず『ある』と返事して、久しぶりで帰宅した。親が奔走してカーバイドを探しておいてくれた」

◇

終戦直後、「米軍が来る」といううわさが広まり、相模野海軍航空隊の間に動揺が走った。命令伝達の上官に向かって、反乱の銃弾をあびせ、四、五人が死亡するという騒ぎになった。

「士官クラブがあったため遺品を数か月間、私の実家で預かった。街道のドラマがこうした形で終幕するとは思わなかった。遺族が遺品を取りに来たとき、母が泣いて見送っていたのが、強く印象に残っている」

そしてマッカーサー元帥が厚木に降り、重装備の厳戒態勢の下で羽根沢屋の前の街道を通って、一行が意気揚々と横浜に向かうのを家族は黙って見送った。街道は戦後日本の運命を決める〝マッカーサーの道〟につながっていた。

（二〇〇二年一二月二〇日）

◆耕餘塾

祖父美濃口宗太郎が学んだ耕餘塾は相州羽鳥村（現在の藤沢市）にあり、若き日の吉田茂・元首相も塾生であった。自由民権運動に名を残す小笠原東陽が開いた郷学校から読書院、羽鳥学校を経て、明治十一年に耕餘塾と改称された。「相州第一の高等学府」とされ、儒学をもとにした人間教育によって、自由民権運動の拠点となった。明治二十年に東陽没後、耕餘義塾として引き継がれたが、明治三十年台風で建物が倒壊した後、資金難に陥り塾を閉じた。鈴木三郎助（味の素・元社長）ら政財界の逸材も輩出している。（青木宗茂氏＝談）

第四部◇戦争の傷跡⑰

二つの祖国

日米関係に翻弄された日系人将校◆日本外交の危機予見

アメリカ生まれながら開戦直前に日本にいたため学徒動員され、軍令部で敗戦。戦後は英語力と交渉力を買われ、米海軍司令部（横須賀）で対日折衝の最前線に立つ。二つの祖国のはざまで戦争を生きてきた日系人の体験である。

◇

敗戦から十二日後の一九四五年八月二十七日、相模湾江ノ島沖に集結していた米艦隊旗艦「ミズーリ」艦上に軍令部の竹宮帝次の姿があった。当時二十三歳の青年将校（海軍少尉）で、米軍の日本占領に向けての第一歩となる舞台に通訳として立ち会っていた。

「軍令部では米潜水艦の情報分析にあたり、移転先の日吉（横浜）の防空壕で終戦を迎えた。十日後米艦隊の受け入れに先立ち、艦上での対米協議に立ち会ってくれとの指令。ものおじしない態度や偉そうな名前のせいもあってか、皇室の一員と思われたらしい」

竹宮はロサンゼルス生まれの日系二世。対日経済包囲網が強まった四〇年、一家で帰国し、父の郷里である熊本の中学を卒業して、青山学院大学に進学した。

「日系人はスパイと見られ、郷里と東京の行き来にも警察の許可証所持を義務付けられていた。四三年末、学徒動員で海兵団にはいった。剃刀で指先を切って『お国のために潜水艦に乗りたい』と血書をしたためた」

夢がかなって県の特攻基地に送られたが、潜航訓練中に負傷して海軍病院に入院し、原爆投下一週間前に軍令部に配属された。ボタンのかけ違いで人生航路が決まった。

「ミズーリ艦上の協議で米側が自動車十台の提供を求めてきた時、日本側が首を傾げるので、『イエスと言っておいた方がいい。駄目だったら後で謝れば済むことだ』と進言した。とにかく協議が円満に進むよう通訳として努力した」

◇

協議は無事終わり、「ミズーリ」は九月二日、横浜・本牧沖での降伏調印式に臨む。対米折衝のため横須賀鎮守府に配属になったのがきっかけで、竹宮は戦後も米海軍司令部で占領政策の一端を担った。GHQの通訳（米陸軍少尉）として座間の諜報部隊に配属された従兄弟は、異国に客死した。同じ日系人として生を受けながら、二人の戦争体験が運命を分けた。

「ＧＨＱが必要とする人材は、復員の対象とはならず、米海軍司令部勤務となった。部隊の武装解除から地元との米兵や将校の生活上の折衝、〝慰安婦〟の確保など微妙な仕事もあった」

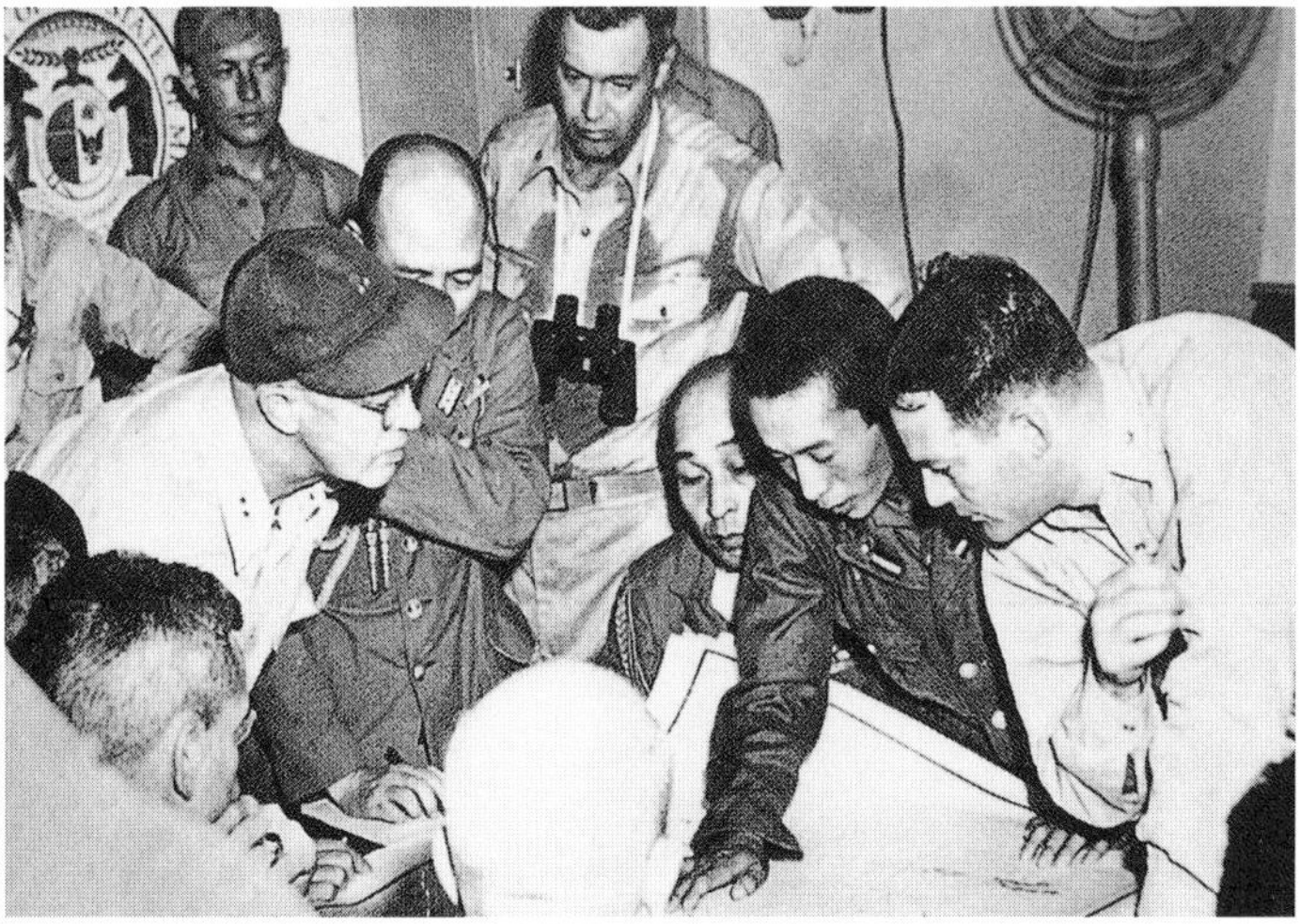

「ミズーリ」の東京湾入りについて協議する竹宮さん（右から２人目）（1945年）　竹宮帝次氏提供

朝鮮戦争から対日講和、安保体制の確立へと竹宮の米海軍司令部での半生には、激変する戦後の日米関係が色濃く反映されている。

◇

「朝鮮半島が戦争状態になると、米側から掃海作戦への協力要請があり、要員確保のため奔走した。ところが掃海艇が機雷に触れ、日本人が殉職して大騒ぎになった。私の仕事は外務省との折衝が多かった。だが原潜入港問題などで、調査を依頼してもまったく取り合ってくれないか、『協議中』と繰り返すだけ。当事者はすぐに外国転勤。こうした外務省の体質を変えないと、日本の外交は国際社会でまったく通用しなくなる」

ともすると白い眼で見られがちな〝汚れ役〟をも黙々とこなしてきた。体験に裏打ちされた竹宮の日本へのメッセージは、ずしりと重い。

（二〇〇二年三月八日）

◆朝鮮戦争と掃海

一九五〇年六月、朝鮮戦争が勃発し、北朝鮮敷設機雷の危険性が高まると、米極東海軍から日本に掃海作戦への助力要請がなされた。しかし講和条約締結前で、国際的にも微妙な立場にあったため、日本特別掃海隊の作業は秘密裡に行うこととされた。また作戦水域では国旗の代わりに万国信号Ｅ（イプシロン＝特殊任務）旗を掲げるよう指定された。そして十月六日、ＧＨＱ命令に基づく出動命令がくだされた。ところが掃海実施中のＭＳ１４が触雷沈没し、死者一名、重軽傷者一八名を出した。「国際社会の一員となるため」の一里塚だった。（海兵六九会会報「南十字星」より）

第四部◇戦争の傷跡⑱

英語塾の海軍大将

戦争のけじめ、国の未来◆思いを託した井上成美

英語を教えるミスター・イノウエ（1952年）　井上成美伝記刊行会提供

「最後の海軍大将」井上成美は戦後、相模湾を見下ろす荒崎海岸（横須賀）の自邸に隠遁し、地元の子どもたちに英語を教えた。戦争の早期終結ができなかったことに責任を感じ、あえて清貧の道を選んだ井上にとって英語塾は唯一の生きがいであり、「戦争のけじめ」でもあった。

◇

「ミスター井上は、恩給がなく生活はかなり苦しかった。でもモノをあげても絶対に受け取らない。あのままでは餓死しかねないと思った」

主婦のほか教員、会社員、農協職員など、すでに定年退職世代にある英語塾の教え子たちに、半世紀前にさかのぼる井上との出会いについて聞いた。みな井上のことを「ミスター」とつけて呼んでいる。主婦の一人は壮烈ともいえる井上の生きざまを克明に覚えていた。

第四艦隊司令長官、海軍兵学校校長、海軍次官など要職を歴任、戦争終結工作にもかかわるが、「ザックバランで人前を繕うことも嫌う」（井上成美伝）一徹な性格から玉砕を叫ぶ軍部強硬派と対立して、和平派の米内光政海相を強く支えた。戦前若くして妻を亡くし、男手一つで育てた娘も終戦間もなく病死した。孫も親戚に預けることになり、井上は孤独な余生を送っていた。

「人手に頼ることなく、すべて一人で切り盛りしていた。髪も自分でバリカンを使い刈っていた」（主婦）

終戦直後の一九四五年（昭和二十年）

暮れ、自然発生的に始まった英語塾は、娘の容態急変で一時閉鎖されたもののその死後、再開され、指導も一段と熱を帯びた。

「紫色のペンで書いたテキストを、寒天に転写して、わら半紙に印刷した。寒天も海で採ったテングサを自分で煮て白くさらして作ったものだった。すべてが手作りの教育だった。ケーキやパンも焼いてくれた」（主婦）

◇

井上は、海軍仕込みの精神性を重んじ、しつけには厳しかったが、優しい人でもあった。

「望遠鏡をのぞきながら沖を通る船の種類や中身を教えてくれた」、「クリスマスパーティーで琴で『六段』を演奏したらあがってしまって間違いだらけ。そしたらミスター井上は、『母の演奏をみようみまねで覚えた』といって見事に弾いてくださった」

教え子たちの思い出はとどまるところがない。

「大勢の子どもたちに囲まれて信頼と尊敬と愛情を受けて精神的には幸福な生活」と、姪に充てた手紙には、英語塾に寄せる深い思いがしたためられている。その一方で戦時中の部下や同僚たちからの支援は、頑強に受け取りを拒んだ。一流会社の顧問に推薦しようという打診も断った。

井上がかくも一途に初志を貫き通そうとしたのはなぜか。

「塾の終了後『何で日本は負けただえ？』と土地の方言で聞いたところ、『それは僕らが悪かったからだよ』と一言おっしゃっただけ。ミスター井上は三国同盟が結ばれる時にも先頭に立って反対されたのに『僕らが悪かったのだよ』とさらりとおっしゃる。ますます先生の偉さを痛感した。戦後隠遁されたのは、自分なりに戦争に対しての責任をとられたのだと思う」（元教員）

◇

七五年（昭和五十年）暮れ、井上病没。享年八十六歳。残された遺書通り、自邸近くの勧明寺で英語塾の教え子である住職の藤尾良孝が葬儀を執り行った。英語塾に託した井上なりの戦争のけじめは、こうして貫徹された。

（二〇〇一年一二月七日）

◆戦争終結工作

海軍次官に就任して二十三日目の四四年八月二十八日、井上は米内海相に「現在の状況はまことにひどい。日本は負けるに決まっている。一日も早く戦争を止める工夫をする必要がある」と意見具申し、高木惣吉少将をその実行者にあてた。当時の日本は、本土決戦、一億玉砕を叫ぶ狂気の中にあった。「和平」のひとことで抹殺されかねなかった。国力の現状を直視し、「一刻も早く戦争終結をまっとうすべきである」との正気を貫きとおしたのが井上であった。その先見性と勇気、実行力、これが民族の滅亡を防ぎ、今日の日本をあらしめたのだ。（井上成美伝記刊行会事務局長・深田秀明＝談）

第四部◇戦争の傷跡⑲

幻の上陸作戦

米軍の影におびえた日々◆敗北実感した巨大な力

太平洋戦争末期、「米軍の本土上陸まぢか」の情報に振り回されながら、湘南の住民たちは「その時」に備えた。そして終戦。江ノ島沖に集結した大艦隊を目撃して、敗戦を実感する。終戦を挟む二つの米軍事作戦の主要拠点とされた湘南海岸は、辛くも「日本のノルマンディー（連合国軍のヨーロッパ上陸作戦）」の悲劇を免れた。

米軍の日本本土上陸進攻作戦（ダウンフォール作戦）では、南九州上陸の「オリンピック作戦」と並んで首都を視野に収めた「コロネット作戦」（一九四六年三月一日発動予定）が練られる。「日本に無条件降伏をもたらすためのとどめの攻撃」とされ、九十九里浜と藤沢、茅ヶ崎海岸（米軍名チガサキ・ビーチ）が上陸地点に想定されていた。

◇

「終戦まじかに捕虜収容所で米軍捕虜に接している看守たちから『鵠沼海岸（藤沢）に米軍が上陸することになっている』と聞かされた。四五年三月、四月になると、湘南に居住していた軍人、実業家たちが軍需工場のトラックを調達して、家財道具を積んで逃げ始めた。将校たちも逃げる際に『敵がやってくる』と言いふらして行った。われわれ一般住民は逃げろといわれてもなす術もなかった」

戦時に大政翼賛会の下で生産増強を図る産業報国会（産報）の一員として国民のカロリー確保のため奔走していた栄養学者高木和男(92)は、米軍の影に脅えた不安の日々を思い起こす。喘息治療のため、小学校六年で東京から鵠沼に転居。別荘で祖母に育てられた。湘南中学（現県立湘南高校）、国立横浜高等工業を卒業して産報に入ったが、病弱のため、徴兵は免れた。

「わたしには逃げ出す手だてはなかった。『この戦争は終わるのかどうか』などと中学時代の級友たちと話し合っていた。みな『隠れ共産党員』で、政府の顔ぶれなどから戦争はまもなく終わると確信していた。町会長をしていたので、住民からも戦争の行方を聞かれた。逃げるように勧めるべきか、それとも踏みとどまらせるべきか、判断を迫られた。軍部は依然徹底抗戦の構えで、『戦争は終わる』などといったらつかまってしまう。『主な上陸地点は九十九里浜なので、湘南は大丈夫だろう』と住民の不安を少しでも和らげようとした」

　高木は全国各地を、「麦やイモなど代用食で栄養をとって戦争に耐えよう」

片瀬海岸に乗りつけた占領軍のジープを取り囲む住民（1947年）　福地美沙子氏提供

と説いて回っていた。のち軍の肝いりで作られた栄養学校（現東京栄養食糧学校）の教官となり、終戦を迎える。

◇

　結局「コロネット作戦」は発動されなかった。だが米国は降伏した後の日本本土進駐のシナリオを終戦前から密かに練っていた。日本が無条件降伏すると、作戦が発動され、四五年八月末、江ノ島沖に大艦隊が集結した。

　「大島まで相模灘が埋め尽くされるかのような光景だった。艦艇がレーダーを盛んに動かしているのを肉眼で確認できた。住民はみな海岸に出て、沖の艦隊を呆然と見ていた。米軍が実際に上陸作戦を敢行していたら、湘南は廃墟になっていただろう」

　銃後の国民生活維持のために奔走していた学者にとって太平洋戦争とは何だったのか。上陸作戦と進駐作戦に象徴される米国の巨大な力に打ちひしがれた湘南の海の体験と切り離して、高木にはこの問いに答えることはできない。


（二〇〇一年一一月二日）

◆本土侵攻作戦

　米軍が本土侵攻作戦を立案していたころ、日本軍は本土防衛体制の準備に取りかかった。四五年四月発令の「決号作戦準備要項」でとくに重視されたのは、敵主力の上陸が予想される首都をはじめ関東防衛のための「決三号作戦。湘南・相模湾方面配備の第五三軍司令官赤柴八重蔵中将は、敵の侵攻を相模湾とみて、水際撃滅体制をとった。

　米側には太平洋陸軍や統合戦争計画委員会など数種類の侵攻計画があったが、湘南海岸を主上陸地点とすることで一致する。上陸兵員数は予定日（四六年三月一日）だけで三十万人ともされていた。（藤沢市教育委員会刊行「FUJISAWA」より）

第四部◇戦争の傷跡⑳

封印された犯罪

謎多い大船捕虜収容所◆歴史の闇に光を

大船捕虜収容所（横須賀海軍警備隊植木分遣隊）では戦争末期から終戦後にかけて、捕虜と地元住民たちとの交流も見られた。だが「横浜軍事裁判」（BC級戦犯裁判）では、虐待、虐殺事件として糾明され、重罪判決があいついだ。

◇

収容所は国鉄大船駅西北の旧玉縄小学校跡地にあり、開戦四か月後の一九四二年四月、あわただしく造られた。

「軍の機密もあるらしく、住民に事前の説明もなく突然板囲いができて、中で工事が始まった」

鉄道員の妻青木光子(82)にとっては、収容所があり、捕虜の姿が見え隠れする日常こそ、戦争そのものであった。

「戦争末期、防空壕掘りの時、捕虜が何人か手伝ってくれた。お礼にサツマイモの粉で団子を作っていったら、片言の日本語で『これは上等』と言って喜んでくれた。でも休憩中にタバコを吸っていた捕虜は私に『日本は今にこのように煙になってしまうよ』と言った。まもなく東京と横浜の大空襲。今から思うと『（防空壕なんて）掘っても無駄だ』という意味だったのだろうか」

終戦後の大船捕虜収容所（1946年1月11日）　米国防総省蔵

大船収容所は海軍の管轄で、情報収集のための尋問が行われていた。だが戦争末期になると、東京・横浜大空襲などで撃墜され、脱出した米兵が急増して、捕虜の一部は他の収容所に移送された。

「終戦直後には収容所に向けて物資を詰め込んだドラム缶が、パラシュートで投下された。住民との物々交換も頻繁に行われ、私が絞り手絡《てがら》（丸髷などの根元にかける布）を持っていったら大喜びで、お返しにコーヒーやタバコまで入った携帯用食料パックをくれた。大きな体で怖いとは思ったが、『鬼畜英米』などと考えたことはない」

だが戦後の横浜裁判で明るみに出された塀の中の様子は、住民の実感とは食い違っていた。「捕虜五人に医薬品の給付を怠り、かつ医療手当てを拒否して死亡するに至らせた」など虐待や虐殺の事例が並びたてられた。判決では「絞首刑」三人（いずれも再審で減刑）、「終身刑」一人、「実刑」判決二十八人で四十年、二十五年の長期刑も少なくない。

「生活習慣、食習慣などの違いから住民には日常的なことでも虐待とみなされることがあったのかも知れない。収容所長にも絞首刑判決がくだされたが、温厚な人柄で『十分な宿舎、暖房などを与えず、部下の捕虜に対する虐待を許し、十人を死亡させた』という判決内容は到底信じられない。でも再審で減刑、放免された背景には、住民や捕虜の嘆願があったのだと思う」

「玉縄の歴史を語る会」世話人添田信雄は、判決に首をかしげる。

◇

一九九八年に設立された横浜弁護士会「ＢＣ級戦犯横浜裁判調査研究特別委員会」（会員十六人）では、メンバーが分担して横浜軍事裁判の検証を進めている。

「鶴見や川崎など企業で捕虜を強制的に働かせた収容所とは違って、大船は情報収集のための施設だった。事件数も十三件におよび、戦後建物が忽然と姿を消すなど収容所の実態については謎が多い。横浜裁判についての米軍資料マイクロフィルムとヒアリングなどを基にして、歴史の闇に光を当てたい」（間部俊明委員長）

横浜軍事裁判の真実解明でＢＣ級裁判の謎はどこまで明らかにされるか。調査委では二〇〇四年にも最終報告をまとめる。（二〇〇二年三月二九日）

◆ＢＣ級戦犯

戦後、連合国が訴追した戦争犯罪人のうち、国策指導の中心として開戦責任、「平和に対する罪」を問われたのがA級戦犯。これに対し、B級戦犯は捕虜虐待などの戦争犯罪を問われ、C級戦犯は迫害行為など人道に対する罪が対象とされた。旧日本軍への裁判では総称してＢＣ級戦犯と呼ばれた。裁判は米、英、豪、オランダ、仏、中、比七か国が、それぞれの国内法を根拠に行い、九百二十人が処刑された。「横浜軍事裁判」は国内で開かれた唯一のＢＣ級裁判で、約千人が裁かれ、一九四九年十月、百十二人に絞首刑宣告、最終的に五十一人の死刑が執行された。（読売新聞「二十世紀どんな時代だったのか」より）

拉致の軌跡

敗戦国の悲哀を映す鹿地事件◆キャノン機関が関与

一九五一年（昭和二十六年）十一月、鵠沼（藤沢）で結核の転地療養をしていた作家鹿地亘（瀬口貢）（当時四十七歳）は、米軍情報機関所属のキャノン機関に拉致された。第二次世界大戦中、日本軍捕虜を組織し中国大陸で活発な反戦活動をしており、折から勃発した朝鮮戦争を切り抜けるために、鹿地の活動に目がつけられた。一年後に釈放されるが、待っていたのはソ連に対するスパイの濡れ衣。二十年近い裁判を経てやっと無罪判決を勝ち取った。敗戦国の悲哀を物語る事件である。

◇

「歩行訓練を兼ねて鵠沼の駅から柳小路まで歩いてタバコを買いに行った。今と違って寂しいところだった。そこを狙われた」

鹿地の妻、瀬口允子（76）（清瀬市在住）は、長い裁判に振り回された時代を振り返る。鹿地は三六年の二・二六事件前に中国に亡命し、反戦運動を続け、四六年五月に帰国。結核で入院し手術を受け、鵠沼で転地療養していた。栃木で教員をしていた允子は、旧満州に生徒を連れて勤労奉仕に出かけ、ソ連の参戦で捕虜生活を送っていた。その体験から中国情勢に関心を持ち、鹿地のところで働いた。まだ結婚前だった。入院後の鹿地からは音沙汰もなかった。允子は東京で教員に復職した。

「五二年十二月に釈放され、新聞をみるまでは鹿地がどうしているのか、ぜんぜん知らなかった。朝鮮戦争の準備に当たり、肌の色とか顔つきが違ったら宣撫《せんぶ》はできない。東洋人は東洋人と戦わせるというのがアメリカの戦略の一つだった。中国人民義勇軍が鴨緑江を超えて入ってくる。中国人とか朝鮮人と混じってしまえば分からなくなるのが日本人だった。戦線に入り込んで敵に降伏するように宣撫するのが目的だった」

◇

拉致された後、鹿地は東京・池之端の旧岩崎邸に連れ込まれる。占領後、米軍に接収され、キャノン機関本部として使われていた。拠点を数か所転々としているうちに、手術後の体力的な衰えに加えて精神的にも追い込められ、鹿地はトイレのベンゾールを飲んで自殺を図った。捜索願が出されてはまずいとして、留守宅には「自動車事故にあい、知り合いの中国人の世話になっている」とのメモを届けさせられた。

その末尾に「白公館にて」と密かに記した。重慶時代、住民から「泣く子も黙る白公館」と噂された牢獄であった。関係者には事件の背景がうすうすと分かってきた。

◇

その後、鹿地は沖縄に連れて行かれるが、拉致を知った国会議員猪俣浩三らの奔走で事件が公開された。爆撃機で東京に連れ戻された鹿地は、五二年十二月に釈放される。

「拉致の間、栄養豊かで太っていた。自殺未遂で、アメリカは大慌て。捕虜を殺すわけには行かず、監視も栄養も逆に行き届くようになった」

同じく結核を患った允子は、休職して国立村山療養所で療養していた。鹿地との文通がはじまり、五六年に結婚する。鹿地はみずからの体験を国家主権の侵害として訴える立場にいたが、逆に電波法違反容疑で告発された。鵠沼にいる間、日本の秘密をロシアに向けて発信したという。允子は鹿地を被告とする裁判に巻き込まれた。「青春を戦争にとられ、壮年期を鹿地裁判にささげた」という允子にとって、法廷に通った二十年とは、いったい何だったのだろうか。

（二〇〇二年四月一九日）

旧岩崎邸での現場検証に立ち会う鹿地亘、瀬口允子夫妻（1962年）　瀬口允子氏提供

◆日本人青年

僕は藤沢の議員をしていた。昭和二十五年ごろ「人間の歴史」を書いた医学博士、安田徳太郎先生に東京でお会いしたら「キャノン機関というのは恐いですよ」といっておられた。安田先生も沖縄に連れて行かれそうになったということだった。拉致現場にいたハウスボーイの日本人青年が、川崎、茅ヶ崎などキャノンの拠点で監視役をしていた。鹿地さんの人柄もあって、彼が猪俣さんのところへ持ちかけ、事件として公になった。連絡がなかったら闇に葬り去られたかも知れない。恐い話である。鹿地さんが中国で作った人脈を、アメリカは対中戦略の一環として利用しようとしていたのか。（衆議院議員葉山峻氏＝談）

第四部◇戦争の傷跡㉒

スパイ容疑

でっちあげの〝汚名〟◆夫婦でつかんだ無罪判決

米諜報機関に拉致された作家鹿地亘は、事件を知った国会議員らの奔走で一年ぶりに釈放される。だがそこには、ソ連に対するスパイ容疑の長い裁判が待っていた。

◇

「一九五一年（昭和二十六年）八月三十日午後六時ごろだった。大体時間をあわせた上で線路脇の道路を鵠沼のほうに歩きはじめたところ、男が鳥打帽に解禁シャツとズボンという姿で現れ、本鵠沼の方へはどう行きますかと声をかけてきた」（五八年十月の東京地裁第四回公判より）

鹿地が拉致される直前のスパイ事件に関する証言で、告白したのは、三橋正雄という電波関連会社の社員だった。鹿地は釈放後、「三橋からソ連に向けて情報を流すようにいわれた」という。

保谷（西東京市）の墓地で「電器のような変なもの」が出てきて、地元巡査が本庁にもっていったこと、「牡牛のようなスペイン人風の大男」が現れて巡査に無電機を出せとせまったことなど、三橋証言はスパイ小説を地で行くようなものだった。おまけに拉致直前に三橋が鹿地と密会したことや詳細なソ連向け交信などに触れた英文の怪文書も登場する。

この予期せぬ展開で敗戦と占領の被害者は、日本を売るスパイへとイメージダウンさせられた。三橋はいち早く四か月の実刑判決がでたが、鹿地は六一年十一月の懲役二月、執行猶予一年の有罪判決が下され、六九年六月に東京高裁の控訴審で無罪判決が出るまで、でっちあげによる汚名を着せられた。

「三橋は満州で抑留されたが、スパイになるために早く返された。日本ではソビエト大使館の人たちと連絡をとっていた。そのころアメリカからも働きかけがあったようだ。鹿地釈放の新聞を見てアメリカ大使館へ行ったところ、自首を勧められたらしい」

鹿地の妻、瀬口允子(76)にとっては、裁判を闘うために結婚したようなものだった。指示を受けたとするレポの隠匿箇所についての証言に基づき、現場検証を行ったところ、鎌倉大仏裏というのは、崖になっており、隠匿など不可能であった。三橋とのやり取りが頻繁に行われたとされたのは、鹿地が鵠沼で結核の転地療養中のことで、裁判でも湘南の地名が数多く登場した。

「松川事件とか三鷹事件は、国鉄労組や総評が労働者と連帯して取り組んでいた。だが鹿地事件の場合は、そうした組織母体がまったくなく、一つ一つ状況を説明しながら、支援を求めて回らねばならなかった」

小田急沿線で拉致の模様を語る鹿地亘（ベレー帽で現場を指さしている）（1962年）　瀬口允子氏提供

東京高裁の無罪判決まで十八年間、鹿地は「拉致されている間、米国のスパイになることを拒否したため、キャノン機関によってソ連のスパイにでっちあげられた」と無罪を主張し、「三橋とは面識がない」と繰り返した。一方鹿地は拉致を指揮したキャノン中佐ら四人を不法監禁などで、東京地裁に告訴していたが、いずれも米国人で、日本には裁判権なしとしてウヤムヤにされた。

◇

「鹿地がソ連スパイとして無線機で情報を流したという有罪判決には事実誤認があり、破棄は免れない」との六九年六月二十六日の判決は、鹿地の無罪を完全に立証し、独立国としての対面を守った。でも「電波法違反事件」という〝軽犯罪〟にしては、允子にとってあまりにも長く、苦難の十八年であった。鹿地は八二年に死んだが、允子は決意を語る。

「戦争の傷跡を引きずっていった鹿地の反戦の遺言を伝えていきたい」と。

（二〇〇二年四月二十六日）

◆鹿地亘の証言

ほんのしばらく前、私の裁判に検察側証人として出てきた元田無警察署長は、「あのころは、アメリカ人のいうことには、理屈なしに服従しなければならない気持ちにされていましたから」という意味の発言をした。実は私としては同情を禁じえなかった。だがもう「あのころ」であってはなるまい。

希望と確信はもう揺るがない時代になってきた。いうまでもなく、まだ前途は平坦ではあるまいが、私は日本人の基本的な人権という問題をはぐらかそうとする陰謀、しかも平和のための警戒心をそれで脅かそうとするたくらみと、どこまでも対決していくことができる。（光書房「もう空はなく　もう地はなく」一九五九年刊）

【参考文献一覧】

●鎌倉

石原功著『鎌倉市医師会史』一九六二年
金子晋著『私記鎌倉回想五十年』かまくら春秋社　一九七六年
安田三郎他著『鎌倉歴史散策』保育社　一九七六年
岡田章雄著『鎌倉英人殺害一件』有隣堂　一九七七年
小牧近江著『種蒔くひとびと』かまくら春秋社　一九七八年
宮内寒彌著『七里ヶ浜』新潮社　一九七八年
大槻茂著『鎌倉・都市再考』現代企画室　一九八二年
大三輪龍彦編『中世鎌倉の発掘』有隣堂　一九八三年
愛されて一〇〇年鎌倉編『鎌倉の海』鎌倉市　一九八三年
山本若菜著『松竹大船撮影所前松尾食堂』中央公論社　一九八六年
『図説鎌倉年表』鎌倉市　一九八九年
巌谷大四著『かまくら文壇史』かまくら春秋社　一九九〇年
久保田順著『鎌倉・市民アカデミア』現代企画室　一九九一年
増補編集委員会編『増補鎌倉の海』鎌倉市　一九九三年
古田中正次著『清川病院百年史』一九九三年
記念誌編集委員会編『鎌女回想(九十年の歩み)』鎌倉女学院　一九九四年
『鎌倉同人会八拾年史』かまくら春秋社　一九九五年
伊藤玄二郎『風のかたみ(鎌倉文士の世界)』朝日新聞社　一九九五年
新潮日本文学アルバム『大佛次郎』新潮社　一九九五年
鎌倉市編『かまくら(市政要覧グラフ)』一九九六年
安西篤子著『鎌倉海と山のある暮らし』草思社　一九九六年
五十嵐英寿写文集『鎌倉行進曲』かなしん出版　一九九七年
文芸散策の会編『文士の愛した鎌倉』JTB　一九九七年
佐々木泰三著『水の出る街、大船』かまくら三窓社　一九九九年
古田紹欽著『大拙の思想に見る択一と複合』松ヶ岡文庫　一九九九年
井上禅定著「釈宗演伝」禅文化研究所　二〇〇〇年
鎌倉豆腐商業協同組合編『鎌倉豆腐商業協同組合一〇〇周年記念誌』二〇〇〇年
杉本晴子著『鎌倉夫人』かまくら春秋社　二〇〇〇年
永井路子他著『北条時宗小百科』かまくら春秋社　二〇〇一年
井上禅定監修、正木晃訳『釈宗演「西遊日記」』大法輪閣　二〇〇一年
小島寅雄著『大愚(仏に向かう心)』春陽堂　二〇〇一年
山内静夫著『谷戸の風』KCC　二〇〇一年

●藤沢

鹿地亘著『もう空はなく　もう地はなし』光書房　一九五九年
藤沢市史編纂委員会『藤沢市史』第一巻　一九七〇年
藤沢市史編纂委員会『藤沢市史』第六巻　一九七七年
服部清道編『写真集(明治・大正・昭和)藤沢』図書刊行会　一九七九年
高木和男著『鵠沼海岸百年の歴史』一九八一年
児玉幸多編『藤沢―まちのあゆみ』藤沢文書館　一九八三年
新潮日本文学アルバム『芥川龍之介』新潮社　一九八三年
藤沢市教育委員会編『個性きらめく―藤沢近代の文士たち』一九九〇年
『藤沢昆明友好二〇年』藤沢市　二〇〇一年
写真集図説集刊行会編『図説ふじさわの歴史』藤沢市　一九九一年
『岸田劉生―麗子と鵠沼風景―』毎日新聞社　一九九一年
太田博著『藤沢人物ファイル1700』藤沢風物社　一九九二年
『中野六郎写真集』湘南写真工房　一九九四年
瀬口允子著『資料が語る鹿地事件』不二出版　一九九五年
内海恒雄著『江ノ電歴史散歩―藤沢編』江ノ電沿線新聞社　一九九六年
日本地名研究所編『藤沢の地名』藤沢市　一九九六年
島本千也著『海辺の憩い(湘南別荘物語)』二〇〇〇年
湘南倶楽部編『江ノ電百年物語』JTB　二〇〇二年

●三浦

水戸邦雄著『三崎の鮪漁業』日豊タイク社　一九五七年
三崎㊈20年史編集委員会編『三崎㊈20年史』一九七〇年
田辺悟編『三浦半島の伝説』横須賀書籍出版　一九七一年
三崎漁業振興協議会編『マグロ流通の構造変化』一九七三年
三崎漁業振興協議会編『三崎漁港からのまぐろ流通実態調査』一九七三年

辻井善彌著『やさしい三浦半島の生活史』三浦半島郷土教育研究会　一九七五年
内海延吉著『三崎郷土史考』名著出版　一九七五年
野上飛雲著『北原白秋その三崎時代』慶友社　一九七六年
辻井善彌著『三浦半島の観音みち』有峰書店新社　一九八一年
野上飛雲著『三浦半島の文学』横須賀書籍出版　一九八一年
三浦青年会議所『まぐろ(創立２０周年記念)』一九八二年
田山準一著『いさば―マグロに憑かれた男たち』主婦の友社　一九八七年
山田重太郎著『私とマグロの記録』情報センター出版　一九八七年
記念事業委員会編『臨海実験所の百年』一九八七年
磯野直秀著『三崎臨海実験所を去来した人たち』学会出版センター　一九八八年
大森徹著『まぐろ随談』成山堂　一九九三年
辻井善弥編『セピア色の三浦半島』郷土出版社　正・一九九三年　続・一九九六年
長山総一郎監修『三浦半島―歴史と文化』郷土出版社　一九九四年
田山準一著『三崎マグロ風土記』アーツアンドクラフツ　一九九六年
森田喜一著『ビキニ事件三浦の記録』一九九六年
招く会『第５福竜丸のエンジン(三浦展示報告書)』一九九八年

●横須賀

山本小松著・最上堯雅編『山本小松刀自傳』私家版　一九六〇年
外山三郎『錨とパイン(日本海軍側面史)』静山社　一九八三年
鈴木亨著『横須賀線歴史散歩』鷹書房　一九八六年
阿川弘之著『井上成美』新潮社　一九九二年
別冊歴史読本『海軍の名参謀井上成美』新人物往来社　一九九三年
浅田勁著『海軍料亭小松物語』神奈川新聞社　一九九四年
よこすか未来塾編『よこすか一番物語』よこすか未来塾　一九九五年
記念会実行委員会『伝道義会宣教百年誌(エステラ・フィンチ)』二〇〇〇年
谷村政次郎著『行進曲「軍艦」百年の航跡』大村書店　二〇〇〇年
平間洋一著『日英同盟』ＰＨＰ研究所　二〇〇〇年
八巻淑博著『行きかふ人は旅人なり(私の日記帳)』二〇〇一年

●逗子・葉山

石原慎太郎著『太陽の季節』新潮社　一九五七年
葉山町編『葉山町郷土史(町制三十周年)』一九七五年
白崎謙太郎著『日本ヨット史』舵社　一九八八年
福山棟一著『日影茶屋物語(しづ女覚書)』かまくら春秋社　一九九一年
葉山町編『御用邸のまち葉山百年の歩み』神奈川新聞社　一九九四年
山本淳正著『友よ(太陽族　裕次郎の素顔)』ＮＥＰＡ　一九九六年
石原慎太郎著『弟』幻冬舎　一九九六年
吉村公三郎他著『映画は枠(フレーム)だ』同朋舎　二〇〇一年

●茅ヶ崎・平塚

大西比呂志・栗田尚弥・小風秀雄『相模湾上陸作戦』有隣堂　一九九五年
平塚の空襲と戦災を記録する会『市民が探る平塚空襲・証言編』
　平塚市博物館　一九九八年
栗田久也著『コロネット作戦』茅ヶ崎市　一九九八年
茅ヶ崎市史編纂委員会編『茅ヶ崎市史』現代編８　茅ヶ崎市　二〇〇一年

●小田原・湯河原

戦時下の小田原地方を記録する会編『焦げたはし箱』夢工房　一九九二年
弦念丸呈著『日本人になりたい』祥伝社　一九九三年
戦時下の小田原地方を記録する会編『撃ちぬかれた本』夢工房　一九九五年
戦時下の小田原地方を記録する会編『市民が語る小田原地方の戦争』
　教文社　二〇〇〇年
井上弘著『小田原空襲』夢工房　二〇〇二年

●神奈川県

朝日新聞横浜支局編『相模湾物語』仙石出版　一九七一年
知性社『湘南の５０年』ばら出版　一九七七年
高村直助他著『神奈川県の百年』山川出版社　一九八四年
かながわ女性史編集委員会編『夜明けの航路(かながわ近代の女たち)』
　ドメス出版　一九八七年
かながわ女性史編集委員会編『共生への航路(かながわの女たち)』
　ドメス出版　一九九二年
野田正穂・原田勝正他編『神奈川の鉄道』日本経済評論社　一九九六年
神奈川県歴史教育者協議会編『神奈川県の戦争遺跡』大月書店　一九九六年
朝日新聞横浜支局編『神奈川１００人の肖像』有隣堂　一九九七年
神奈川の学徒勤労動員を記録する会編『学徒勤労動員記録』高文研　一九九九年

1941年	昭和16年	12月、日本軍、真珠湾奇襲、太平洋戦争始まる。
1942年	昭和17年	11月、ドイツ艦船横浜港で炎上、約100人のドイツ兵が箱根に逗留。
1943年	昭和18年	4月、相模湾水域使用許可により、マリンレジャー全面禁止。横須賀線の横須賀―久里浜間が単線で開通。
1944年	昭和19年	8月、工場や農村への学徒勤労動員始まる。11月、横須賀で建造の空母「信濃」、米軍の魚雷攻撃で沈没。
1945年	昭和20年	5月、鎌倉在住の文士による「鎌倉文庫」が開店。横浜空襲のB29が撃墜され、搭乗員は千葉県に降下(のち大船捕虜収容所に拘留)。7月、米軍機が平塚を空襲(16日)。ポツダム宣言発表(26日)。8月、広島(6日)、長崎(9日)に原爆投下。米軍機が小田原を空襲(15日)。第二次世界大戦終結(15日)。連合国最高司令官マッカーサーが厚木飛行場に到着(30日)。9月、横浜・本牧沖のミズーリ号上で降伏文書調印式(2日)。
1946年	昭和21年	5月、極東国際軍事裁判(東京裁判)開廷(3日)。5月、鎌倉文化大学(のちに鎌倉アカデミア)が光明寺内に開校(50年9月まで)。
1947年	昭和22年	5月、日本国憲法施行(3日)。この年、星野立子、鎌倉・高徳院で大仏句会を開始。
1948年	昭和23年	2月、澤田美喜、混血児施設「エリザベス・サンダーズ・ホーム」設立。
1949年	昭和24年	8月、湘南高校、甲子園の全国高校野球大会で優勝。
1951年	昭和26年	3月、江ノ島に展望灯台(読売平和塔)が完成。7月、平塚で第1回七夕まつり開催。11月、作家・鹿地亘、米軍キャノン機関が拉致。11月、神奈川県立美術館が鶴岡八幡宮境内に開館。
1954年	昭和29年	3月、アメリカ、ビキニ環礁で水爆実験、被爆の第13光栄丸が三崎に帰港。放射能汚染でマグロ大暴落。7月、江ノ島水族館が開業。
1955年	昭和30年	7月、石原慎太郎『太陽の季節』発表、翌年芥川賞を受賞。
1956年	昭和31年	この年、経済白書「もはや戦後ではない」と発表。
1959年	昭和34年	6月、アメリカ軍辻堂演習場が返還。
1960年	昭和35年	4月、城ヶ島大橋が三浦半島の先端に完成。12月、湘南遊歩道全通。
1963年	昭和38年	鎌倉・御谷地区の宅地造成計画で、地元住民や文化人が反対運動。
1964年	昭和39年	10月、東京オリンピック開催、江ノ島がヨットレース会場となる。
1965年	昭和40年	11月、立原正秋、「鎌倉夫人」を発表。
1966年	昭和41年	1月、古都における歴史的風土の保存に関する特別措置法(古都保存法)制定。
1968年	昭和43年	12月、日本のＧＮＰ世界第2位。
1970年	昭和45年	11月、三島由紀夫、自衛隊に乱入、割腹自殺。
1971年	昭和46年	1月、葉山御用邸焼失。7月、湘南モノレールが大船―江ノ島間に開通。
1972年	昭和47年	1月、西湘バイパスが開通。4月、川端康成が逗子マリーナのマンション自室で自殺。
1982年	昭和57年	11月、神奈川県立かながわ女性センターが江ノ島に開館。
1985年	昭和60年	10月、旧前田侯爵家別邸を改修し、鎌倉文学館が開館。
1987年	昭和62年	4月、鎌倉同人会がウォーナーの記念碑を鎌倉駅西口広場に完工。
1988年	昭和63年	3月、新湘南バイパスが開通。7月、「軍艦行進曲記念碑」三笠公園に設置。
1996年	平成8年	3月、三浦市宮川公園に風力発電用の風車を2基設置。
1997年	平成9年	7月、文芸評論家・江藤淳が鎌倉で自殺。

【湘南20世紀関連年表】

西暦	和暦	事　項
1901年	明治34年	１月、与謝野鉄幹、鎌倉由比ヶ浜で20世紀を迎える思いを焚き火に託す。
1902年	明治35年	５月、東慶尼寺の最後の尼僧順荘尼が死去し、男僧の寺となる。９月、江ノ島電気鉄道会社が藤沢～片瀬間で開業。10月、国木田独歩、短編「鎌倉夫人」を発表。
1903年	明治36年	１月、村井弦斎が「食道楽」を報知新聞に連載開始。11月、横須賀海軍造船廠が横須賀海軍工廠と改称。
1904年	明治37年	２月、日露戦争開戦。
1905年	明治38年	５月、日本海海戦で「三笠」を旗艦とする連合艦隊がロシアのバルチック艦隊を破る。９月、ポーツマス条約調印。
1907年	明治40年	10月、戦後恐慌。
1909年	明治42年	１月、平塚町に日本火薬製造の工場が完成。
1910年	明治43年	１月、逗子開成中学の短艇部生徒12名が七里ヶ浜の沖で遭難。４月、有島武郎・有島生馬・里見弴らが参加し、雑誌『白樺』創刊。12月、高浜虚子が鎌倉に居を定める。
1912年	明治45年	１月、中華民国建国（１日）。
1913年	大正２年	５月、北原白秋、三浦三崎に逗留（14年２月まで）。
1914年	大正３年	７月、第一次世界大戦始まる。
1915年	大正４年	１月、陸奥広吉ら数人により、鎌倉同人会が発足。７月、鎌倉町営海水浴場開設。
1916年	大正５年	11月、社会運動家・大杉栄が葉山・日蔭茶屋で神近市子に刺される。
1919年	大正８年	この年、エリアナ・パブロバら母子三人が、ロシアから横浜に移住。
1920年	大正９年	３月、戦後恐慌が始まる。
1923年	大正12年	９月、関東大震災（鎌倉の社寺などが湘南地方に大きな被害）。
1924年	大正13年	この年、三浦半島で大根の品種改良に成功、「三浦大根」市場に進出。城ヶ島に要塞設置。
1926年	大正15年	４月、芥川龍之介が鵠沼の東屋に逗留（翌年３月「蜃気楼」発表）。11月、横須賀に三笠保存会設立、東郷平八郎が名誉会長に就任。この年、北大路魯山人が鎌倉・山崎に星岡窯を築く。
1928年	昭和３年	４月、鎌倉国宝館が開館。この年、辻堂から大磯までの国道沿いの砂防林づくりが始まる。エリアナ・パブロバが鎌倉・七里ヶ浜にバレエ教室設立。
1929年	昭和４年	４月、小田急江ノ島線が開通。この年、鎌倉の文士野球チーム「鎌倉老童軍」発足。
1930年	昭和５年	４月、湘南電鉄（現京浜急行）が黄金町—浦賀間、金沢八景—湘南逗子間に開通。
1931年	昭和６年	９月、満州事変始まる。
1934年	昭和９年	７月、久米正雄、大佛次郎らの発案で鎌倉カーニバルが始まる。
1935年	昭和10年	７月、中華人民共和国国歌作曲者・聶耳が鵠沼海岸で遊泳中に死去。 ８月、県道辻堂線（湘南遊歩道）開通。
1936年	昭和11年	１月、松竹撮影所が東京蒲田から大船に移転。
1937年	昭和12年	７月、日中戦争始まる。

あとがき

読売新聞編集委員時代に「二十世紀どんな時代だったのか」の連載企画にかかわった。一九九七年から二〇〇〇年末まで準備期間もいれてあしかけ四年にわたる長期企画であった。私にとっては忘れられない思い出である。というのは企画が終了して一か月足らずで六十歳の誕生日を迎え定年退職したため、この二十世紀企画が三十六年間の新聞社勤めの輝けるフィナーレとなったからである。

企画ばかりでなく、自分でもテーマを探して、日本国内ばかりでなく、アメリカにも二度三度足を運んだ。「現役時代の最後を飾りたい」という思いもあったのかも知れない。国際畑で海外駐在が十数年に及んだだけに国内はおろか社内での人脈も欠きがちだったが、四年間でまったく異なるジャンルのさまざまな「二十世紀人」と知り合いになり、企画に加わった何十人という記者たちの才能やエネルギーにも触れた。

すばらしい四年間であった。だが大きな仕事を終えて、なぜか心が満たされなかった。確かに日本や世界の二十世紀を検証してそれなりに充実していたはずであるが、いずれもテーマがあまりにも壮大で、現場にいないという歴史検証の宿命に悩まされていたのかも知れない。常に息せき切って対象にぶつかっていながら、「空虚感」のようなものがつきまとっていた。定年を迎え、自分の生活の周辺を見つめられるようになったとき、身近なところで二十世紀を振り返ることができないかと考えてみた。幸い読売新聞社横浜支局がこの構想に乗ってくれた。四か月間の準備期間を経て始まったのが「湘南20世紀物語」である。私は湘南の住人である。そこで二十世紀物語の世界編、日本編、そして湘南編というわけで、心の中では勝手に「二十世紀三部作」が醸成してきた。

ここで取り上げた「湘南」というのは一般に知られている地域とは多少趣を異にする。僕自身の思い入れのある地域的広がりを持っている。三浦三崎で生まれ、横須賀で学び、鎌倉に住む。稲村ヶ崎に立つと海岸は西湘に広がる。相模湾に面した「心のうちなる湘南」を自由に飛びまわった。テーマを決めて人を探す国際編、日本編と違ってここは毎日の生活の場であり、既存の人脈が息づいている。母校である県立横須賀高校の人脈、生まれて小中学校時代を過ごした三崎の人脈、それに鎌倉ペンクラブの仲間たちの人脈である。もちろん読売時代のネットワークも大きな支えとなってくれた。

読売新聞神奈川版の週一回の連載は六十四回（出版に際して二回分を追加）を数え、二〇〇二年末で終わった。取材を通して地域限定のテーマながら「湘南発」とでもいえそうな全国的な広がりのあるテーマが多いことを改めて確認した。首都東京につながるという地域的特殊性を裏付けているのであろうが、保養地として多くの作家やアーチストたちが集まり、首都席捲をにらんだ米軍上陸作戦が練られて住民を震撼させた。外国人を魅了させたのも湘南の海の輝きであり、空の明るさであった。ここで語られるのは「日本の湘南」の二十世紀なのである。

連載では徹底してオーラルヒストリーの手法を貫いた。読売本社の二十世紀企画にもつながるジャーナリストのよりどころである。結果的には時代のバランスを欠くという指摘もなされようが、二十世紀を語る意味を担いながらも直接証言が得られないものについては、ばっさりと切り落とした。二十世紀の特色はやはり戦争の世紀ということである。文学や歴史を語るときにもどこかで戦争が影を落としている。そして戦争を体験し、戦争を語り継ぐ人たちにとっても残る時間は少ない。チャンスも少なくなってきた。

なぜ二十世紀にこだわるのか。第一に私も二十世紀に生まれ、これまでの人生の大半を過ごしてきた時代である。そこには今生きている大半の人々の青春があり、戦争があった。第二に不確かな二十一世紀を生きていく上で、二十世紀の経験はつねに人々のベースとなっているはずだ。さまざまな形で「戦争の世紀」を語り継いでいくことは、私たちジャーナリストの宿命でもある。そして何よりも「湘南」という歴史の現場に直接立って歴史の証言に触れられる。東慶寺・松ヶ岡文庫では二十世紀を代表する禅学者・鈴木大拙と同じ空気を吸い、同じ景観に囲まれて歴史を共有できる。本社企画で大拙を取り上げて以来、抱き続けてきた「空虚感」を埋めることができたと思う。「最後の空襲」の小田原、大杉栄殺傷事件の日蔭茶屋も同様であった。

定年後、「スペース・タカギ」という名前だけの事務所を作って、日々のジャーナリスト活動の拠点としてきた。事務所とはいっても妻の治恵と二人だけである。「湘南20世紀物語」は最初の仕事という重要な意味があった。妻は常に取材に同行し、写真を担当するとともにインタビューをサポートしてくれた。出版にあたって取材を受け入れ、歴史の証言をして下さった百人を超す方々にまずお礼を述べたい。いずれも貴重な歴史の体現者であった。連載をフォローしてくれた石田英明支局長(当時)、大野茂利次席ほか読売新聞社横浜支局のスタッフ、本社企画以来プロジェクトを支えてくれた有隣堂会長の篠崎孝子氏、社長の松信裕氏、出版部長の椎野佳宏氏、横須賀高校同期で同社顧問の九里保彦氏に感謝の気持ちを伝えたい。

二〇〇二年六月

高木規矩郎

高木規矩郎（たかぎ・きくろう）

1941年神奈川県三浦市生まれ。神奈川県立横須賀高校、東京大学文学部卒。読売新聞社外報部で、ベイルート、ローマ、カイロ、ニューヨークに勤務。元同社編集委員。現在、早稲田大学客員教授など。著書『世紀末の中東を読む』『パレスチナの蜂起』『ニューヨーク事件簿』など。

湘南20世紀物語

発行日
平成15年7月30日　第1刷

著　者
高木規矩郎

編　者
読売新聞社横浜支局

発行者
松信　裕

発行所
株式会社　有隣堂
本　社/〒231-8623　横浜市中区伊勢佐木町1-4-1
出版部/〒244-8585　横浜市戸塚区品濃町881-16
電話045-825-5563　振替00230-3-203

印刷・製本
図書印刷株式会社

装幀・レイアウト
小林しおり

定価はカバーに表示してあります。
乱丁本・落丁本はお取り替えいたします。

ISBN4-89660-179-3
C0021